Bryn Mawr Latin Commentaries

Petrarch

Selected Letters

Craig Kallendorf

Thomas Library
Bryn Mawr College
Bryn Mawr, Pennsylvania

The Bryn Mawr Latin Commentaries are supported by a generous grant from the Division of Education Programs of the National Endowment for the Humanities.

Second Edition, 2002
Copyright ©2000, 2002 by **Bryn Mawr Commentaries**

Manufactured in the United States of America
ISBN 0-929524-49-7
Printed and distributed by
Bryn Mawr Commentaries
Thomas Library
Bryn Mawr College
101 North Merion Avenue
Bryn Mawr, PA 19010-2899

Bryn Mawr Latin Commentaries

Editors

Julia Haig Gaisser
Bryn Mawr College

James J. O'Donnell
University of Pennsylvania

The purpose of the Bryn Mawr Latin Commentaries is to make a wide range of classical and post-classical authors accessible to the intermediate student. Each commentary provides the minimum grammatical and lexical information necessary for a first reading of the text.

Table of Contents

Preface   i
Textual Notes   iii
Supplementary Reading   iv
Abbreviations   iv

TEXT

Familiares 4.1   1
Familiares 10.1   7
Familiares 13.8   11
Familiares 24.3   13
Familiares 24.8   14
Seniles 3.6   16
Seniles 16.1   17
Posteritati (*Seniles* 18.1)   24

COMMENTARY

Familiares 4.1   31
Familiares 10.1   51
Familiares 13.8   66
Familiares 24.3   74
Familiares 24.8   79
Seniles 3.6   83
Seniles 16.1   89
Posteritati (*Seniles* 18.1)   109

PREFACE

Francesco Petrarca, the Italian poet and humanist, was born in Arezzo on July 20, 1304, and died at Arqua on July 19, 1374. His father, a notary, took the family to the Papal court in Avignon, France, where Petrarca attended grammar school. He began university studies in the law at Montpellier and Bologna but proved ill suited to a legal career, and on his father's death in 1326 he abandoned the law. He took minor orders shortly afterward and entered on the literary career which occupied him for the rest of his life.

Petrarca's reputation today rests primarily on his *Canzoniere*, the lyric poetry written to express his unrequited love for Laura. Yet it is one of the great ironies of cultural history that Petrarca himself considered his sonnets to be trifles and spent much of his time laboring over these writings in Latin on which he felt his reputation would rest. Reacting against what he saw as the sterile scholasticism of medieval culture, Petrarca turned to the classics as a source of spiritual and cultural renewal. In the works of Livy, Virgil, and Cicero, he found concrete examples of human virtue and dignity. Yet he did not by any means abandon the Church; St. Augustine took his place as well among Petrarca's favorite authors, and he spent his life attempting to balance his admiration for secular culture with his yearning for God.

Rome became the focal point of Petrarca's cultural synthesis. He felt that the proper home for the Papacy was Rome, not Avignon, and worked tirelessly to return the spiritual center of the Church to the See of St. Peter. Politically, Petrarca hoped that Rome could regain its ancient position at the center of the civilized world, and with this in mind he supported the unsuccessful revolution of Cola di Rienzo in 1347. One of the proudest moments of his life was his coronation on the Capitoline Hill in Rome on April 8, 1341. Here, in an imitation of an ancient ceremony, he received a laurel crown in recognition of his achievements as a poet.

Petrarca's literary output was substantial. Among his most important works was the *Africa*, an epic poem on the conflict between Scipio and Hannibal which praised the virtues of ancient Rome. His *De viris illustribus* is a vast collection of historical biographies, mostly of Roman heroes. A more religious coloring pervades *De otio religioso, De vita solitaria,* and *Psalmi penitentiales*. Perhaps the most modern in spirit of his Latin works is the *Secretum*, a dialogue between Petrarca himself and St. Augustine in which he explores his own struggle between the worldly and the divine, a struggle which he admits himself incapable of resolving.

Thanks to his letter collections, we know a great deal indeed about Petrarca's life, thought, and work. He was especially fond of Cicero, whose *Epistulae ad Atticum, ad Quintum fratrem*, and *ad Brutum* he rediscovered at Verona in 1345. Petrarca appears not to have known Cicero's *Epistulae ad familiares*, but he undoubtedly took from Cicero the idea of collecting the letters he wrote to his friends and circulating them to other interested parties. His other great letter collection, the *Seniles*, is, as the title suggests, the work of his old age; in fact, he never did finish the letter to posterity with which he intended to close the collection. The following selection from Petrarca's letters—the most approachable of his Latin writings—is designed to illustrate the range of his interests and accomplishments. I hope that students of English literature, the Romance languages, classics, and history will be able to enjoy and appreciate these letters with the aid of the notes in this volume.

I would like to thank Lee Pearcy for his invaluable aid with the fine points of Petrarcan syntax, and the series editors for their enthusiastic attention to the smallest details in this project. I also owe a debt of gratitude to my students in Latin 208, who patiently helped me figure out what really puzzles an intermediate student in all this, and to my wife Carol, who maintained her patience and good cheer through each draft of the commentary. The College of Liberal Arts at Texas A&M University provided me with the opportunity to see some Petrarca texts in Florence, and I am grateful for that as well. Finally, I would like to dedicate this volume to Philip Stadter, who first encouraged me to pursue my interest in later Latin studies.

C.W.K.
College Station, Texas
November, 1986

TEXTUAL NOTES

While I have looked at a variety of texts in preparing this volume, including the standard works of Fracassetti, Carrara, Martellotti, Rossi and Bosco, and Cosenza as well as the Henricpetrine edition and the translation of Aldo Bernardo, the text which follows is my own. I do not intend it to be a definitive contribution to the textual history of Petrarca's letters, but a text which will serve the needs of intermediate students and at the same time preserve as much of the flavor of Petrarca's Latinity as possible.

Although later humanists delighted in reviling Petrarca's style, in point of fact most of his Latin prose accords moderately well with the rules of classical syntax. What will undoubtedly trouble the modern reader most is the orthography, which retains many features of medieval spelling and is far from consistent even within the same epistle. I have followed Petrarca's practice here, and with two exceptions have indicated in the notes how a Roman writer of antiquity would have spelled anything which might trouble the student. The two exceptions are things on which Petrarca is fairly consistent: using "e" for the diphthongs "ae" and "oe" and replacing medial "h" with a guttural sound (e.g., *michi, nichil*). Proper names, which are troubling enough when their spellings are regularized, appear in their classical forms except for the diphthongs and medial "ch."

Some common constructions are glossed only on their first occurrence. Thus for classroom use it might be best to begin with *Familiares* 4.1 before continuing on with as many others, in whatever order, as time and taste decree. Grammatical references are to *Gildersleeve's Latin Grammar*, by B. L. Gildersleeve and Gonzales Lodge (New York, University Publishing Company, third edition), and are preceded by "*GL*" in the commentary. < means "is derived from" and refers the reader to the dictionary.

Supplementary Reading

Bergin, Thomas G. *Petrarch*. New York, 1970.
Billanovich, G. "Petrarch and the Textual Tradition of Livy." *Journal of the Warburg and Courtauld Institutes*, 14 (1951), 137-208.
Bishop, Morris. *Petrarch and His World*. Bloomington, 1963.
Petrarca, Francesco. *Le familiari*. Ed. V. Rossi and U. Bosco. 4 vols. Florence, 1933-42.
____. *Rerum familiarium libri*. Trans. Aldo S. Bernardo. 4 vols. Albany, NY, 1975-85.
Tatham, E.H.R. *Francesco Petrarca: The First Modern Man of Letters*. 2 vols. London, 1925-26.
Ullman, B.L. "Petrarch's Favorite Books." *Transactions of the American Philological Association*, 54 (1923), 21-38.
Wilkins, E.H. *Life of Petrarch*. Chicago, 1961.
____. *Petrarch's Correspondence*. Padua, 1960.
(There is no modern edition of the *Seniles*.)

Abbreviations

The following abbreviations are used in the commentary for authors and works from classical antiquity:

August. *C.D.*	St. Augustine, *De civitate Dei*
Cic. *ad Brut.*	Cicero, *Epistulae ad Brutum*
Att.	*Epistulae ad Atticum*
Marc.	*Pro Marcello*
Off.	*De officiis*
Sen.	*De senectute*
Tusc.	*Tusculanae disputationes*
Hor. *Ars.*	Horace, *Ars poetica*
S.	*Sermones*
Juv.	Juvenal, *Saturae*
Liv.	Livy, *Ab urbe condita*
Ov. *Am.*	Ovid, *Amores*
Pont.	*Epistulae ex Ponto*
Sal. *Jug.*	Sallust, *Iugurtha*
Sen. *Con.*	Seneca, *Controversiae*
Suas.	*Suasoriae*
Sen. *Ag.*	Seneca, *Agamemnon*
Dial.	*Dialogi*
Ep.	*Epistulae*
Suet. *Aug.*	Suetonius, *Augustus*
Jul.	*Iulius*
Verg. *G.*	Virgil, *Georgica*

FAMILIARIUM LIBER QUARTUS
EPYSTOLA I.
FRANCISCUS PETRARCA
FRANCISCO DIONYSIO
A BURGO SANCTI SEPULCHRI S. P. D.
De suo in Montem Ventosum ascensu.

I.1 Altissimum regionis huius montem, quem non immerito Ventosum vocant, hodierno die, sola videndi insignem loci altitudinem cupiditate ductus, ascendi. (2) Multis iter hoc annis in animo fuerat, ab infantia enim his in locis, ut nosti, fato res hominum versante, versatus sum, mons autem hic, late undique conspectus, fere semper in oculis est. (3) Cepit impetus tandem aliquando facere quod quotidie faciebam, precipue postquam relegenti pridie res Romanas apud Livium, forte ille michi locus occurrerat, ubi Philippus Macedonum rex, is qui cum populo Romano bellum gessit, Hemum montem Thessalicum conscendit, e cuius vertice duo maria videri, Hadriaticum et Euxinum, fame crediderat, verone an falso, satis comperti nichil habeo, quod et mons a nostro orbe semotus, et scriptorum dissensio dubiam rem facit. (4) Ne enim cuntos evolvam, Pomponius Mela cosmographus sic esse, nichil hesitans, refert; Titus Livius falsam famam opinatur. (5) Michi, si tam prompta montis illius experientia esset quam huius fuit, diu dubium esse non sinerem. (6) Ceterum, ut, illo omisso, ad hunc montem veniam, excusabile visum est in iuvene privato, quod in rege sene non carpitur.

II.1 Sed de sotio cogitanti (mirum dictu), vix amicorum quisquam omni ex parte ydoneus videbatur; adeo, etiam inter caros, exactissima illa voluntatum omnium morumque concordia rara est. (2) Hic segnior, ille vigilantior; hic tardior, ille celerior; hic mestior, ille letior; denique hic stultior, prudentior ille quam vellem; huius silentium, illius procacitas; huius pondus ac pinguedo, illius macies atque imbecillitas terrebat; huius frigida incuriositas, illius ardens occupatio dehortabatur—que, quamquam gravia, tolerantur domi, omnia enim suffert charitas, et nullum pondus recusat amicitia, verum hec eadem fiunt in itinere graviora. (3) Itaque delicatus animus, honesteque delectationis appetens circumspiciensque, librabat singula sine ulla quidem amicitie lesione; tacitus quicquid proposito itineri previdebat molestum fieri posse, damnabat. (4) Quid putas? (5) Tandem ad domestica vertor auxilia, germanoque meo unico, minori natu, quem probe nosti, rem aperio. (6) Nil poterat letius audire, gratulatus, quod apud me amici simul ac fratris teneat locum.

III.1 Statuta die, digressi domo, Malaucenam venimus ad vesperam; locus est in radicibus montis, versus in boream. (2) Illic unum diem morati, hodie tandem cum singulis famulis montem ascendimus non sine multa difficultate, est enim prerupta et pene inaccessibilis saxose telluris moles. (3) Sed bene a poeta dictum est:

> Labor omnia vincit improbus.

(4) Dies longa, blandus aer, animorum vigor, corporum robur ac dexteritas, et si qua sunt eiusmodi, euntibus aderant; sola nobis obstabat natura loci. (5) Pastorem exacte etatis inter convexa montis invenimus, qui nos ab ascensu retrahere multis verbis enixus est, dicens, se ante annos quinquaginta eodem iuvenilis ardoris impetu supremum in verticem ascendisse, nichilque inde retulisse preter penitentiam et laborem corpusque et amictum lacerum saxis ac vepribus, nec unquam aut ante illud tempus aut postea auditum apud eos, quemquam ausum esse similia. (6) Hec illo vociferante, nobis, ut sunt animi iuvenum monitoribus increduli, crescebat ex prohibitione cupiditas. (7) Itaque senex, ubi animadvertit se nequicquam niti, aliquantulum progressus inter rupes, arduum callem digito nobis ostendit, multa monens, multaque iam digressis a tergo ingeminans. (8) Dimisso penes illum si quid vestium aut rei cuiuspiam impedimento esset, soli dumtaxat ascensui accingimur, alacresque conscendimus.

IV.1 Sed (ut fere fit) ingentem conatum velox fatigatio subsequitur; non procul inde igitur quadam in rupe subsistimus. (2) Inde iterum digressi provehimur, sed lentius, et presertim ego montanum iter gressu iam modestiore carpebam, et frater compendiaria quidem via per ipsius iuga montis ad altiora tendebat; ego mollior ad ima vergebam, revocantique et iter rectius designanti, respondebam sperare me alterius lateris faciliorem aditum, nec horrere longiorem viam, per quam planius incederem. (3) Hanc excusationem ignavie pretendebam, aliisque iam excelsa tenentibus, per valles errabam, cum nichilo mitior aliunde pateret accessus, sed et via cresceret, et inutilis labor ingravesceret. (4) Interea, cum iam tedio confectum perplexi pigeret erroris, penitus alta petere disposui, cumque operientem fratrem et longo refectum accubitu, fessus et anxius attigissem, aliquamdiu equis passibus incessimus. (5) Vixdum collem illum reliqueramus, et ecce prioris anfractus oblitus, iterum ad inferiora deicior, atque iterum peragratis vallibus, dum viarum facilem longitudinem sector, in longam difficultatem incido. (6) Differebam nempe ascendendi molestiam, sed ingenio humano rerum natura non tollitur, nec fieri potest ut corporeum aliquid ad alta descendendo perveniat. (7) Quid multa? (8) Non sine fratris risu, hoc indignanti michi ter aut amplius inter paucas horas contigit.

V.1 Sic sepe delusus quadam in valle consedi. (2) Illic a corporeis ad incorporea volucri cogitatione transiliens, his aut talibus me ipsum compellabam verbis: "Quod totiens hodie in ascensu montis huius expertus es, id scito et tibi accidere et multis accedentibus ad beatam vitam, sed idcirco tam facile ab hominibus non perpendi, quod corporis motus in aperto sunt, animorum vero invisibiles et occulti. (3) Equidem vita, quam beatam dicimus, celso loco sita est; arcta (ut aiunt) ad illam duci: via. (4) Multi quoque colles intereminent, et de virtute in virtutem preclaris gradibus ambulandum est; in summo finis est omnium et vie terminus, ad quem peregrinatio nostra disponitur (5) Eo pervenire volunt omnes, sed (ut ait Naso):

Velle parum est; cupias, ut re potiaris, oportet.

(6) Tu certe (nisi, ut in multis, in hoc quoque te fallis) non solum vis, sed etiam cupis. (7) Quid ergo te retinet? (8) Nimirum nichil aliud, nisi per terrenas et infimas voluptates planior, et, ut prima fronte videtur, expeditior via; verumtamen, ubi multum erraveris, aut sub pondere male dilati laboris, ad ipsius te beate vie culmen oportet ascendere, aut in cor vallibus peccatorum tuorum segnem procumbere, et si (quod ominari horreo) ibi te tenebre et umbra mortis invenerint, eternam noctem in perpetuis cruciatibus agere." (9) Hec michi cogitatio incredibile dictu est quantum ad ea que restabant et animum et corpus erexerit. (10) Atque utinam vel sic animo peragam iter illud, cui diebus et noctibus suspiro, sicut, superatis tandem difficultatibus, hodiernum iter corporeis pedibus peregi. (11) At nescio annon longe facilius esse debeat, quod per ipsum animum agilem et immortalem, sine ullo locali motu, in ictu trepidantis oculi fieri potest, quam quod successu temporis, per moribundi et caduci corporis obsequium, ac sub gravi membrorum fasce gerendum est.

VI.1 Collis est omnium supremus, quem silvestres "Filiolum" vocant—cur, ignoro, nisi quod per antifrasim, ut quedam alia dici suspicor, videtur enim vere pater omnium vicinorum montium. (2) Illius in vertice planities parva est; illic demum fessi conquievimus. (3) Et quoniam audiisti quenam ascendentis in pectus ascenderint cure, audi, pater, et reliqua; et unam, precor, horam tuam relegendis unius diei mei actibus tribue. (4) Primum omnium spiritu quodam aeris insolito et spectaculo liberiore permotus, stupenti similis steti. (5) Respicio; nubes erant sub pedibus, iamque michi minus incredibiles facti sunt Athos et Olympus, dum quod de illis audieram et legeram, in minoris fame monte conspicio. (6) Dirigo dehinc oculorum radios ad partes Italicas, quo magis inclinat animus: Alpes ipse rigentes ac nivose, per quas ferus ille quondam hostis Romani nominis transivit, aceto (si fame credimus) saxa perrumpens, iuxta michi vise sunt, cum tamen magno distent intervallo. (7) Suspiravi, fateor, ad Italicum aerem animo potius quam oculis apparentem, atque inextimabilis me ardor invasit et amicum et patriam revidendi, ita tamen ut interim in utroque nondum virilis affectus mollitiem increparem, quamvis excusatio utrobique non deforet, magnorum testium fulta presidio.

VII.1 Occupavit inde animum nova cogitatio, atque a locis traduxit ad tempora. (2) Dicebam enim ad me ipsum: "Hodie decimus annus completur ex quo, puerilibus studiis dimissis, Bononia excessisti; et, o Deus immortalis! o immutabilis Sapientia! quot et quantas morum tuorum mutationes hoc medium tempus vidit! (3) Infinita pretereo, nondum enim in portu sum, ut securus preteritarum meminerim procellarum. (4) Tempus forsan veniet quando, eodem quo gesta sunt ordine, universa percurram, prefatus illud Augustini tui: 'Recordari volo transactas feditates meas et carnales corruptiones anime mee, non quod eas amem, sed ut amem te, Deus meus.' (5) Michi quidem multum adhuc ambigui molestique negotii superest. (6) Quod amare solebam, iam non amo. (7) Mentior: amo, sed parcius. (8) Iterum ecce mentitus sum: amo, sed verecundius, sed tristius; iam tandem verum dixi. (9) Sic est enim: amo, sed quod non amare amem, quod odisse cupiam; amo tamen, sed invitus, sed coactus, sed mestus et lugens, et in me ipso versiculi illius famosissimi sententiam miser experior:

Odero, si potero; si non, invitus amabo.

(10) Nondum michi tertius annus effluxit, ex quo voluntas illa perversa et nequam, que me totum habebat, et in aula cordis mei sola sine contradictore regnabat, cepit aliam habere rebellem et reluctantem sibi, inter quas iamdudum in campis cogitationum mearum de utriusque hominis imperio laboriosissima et anceps etiam nunc pugna conseritur." (11) Sic per exactum decennium cogitatione volvebar. (12) Hinc iam curas meas in anteriora mittebam, et querebam ex me ipse: "si tibi forte contingeret per alia duo lustra volatilem hanc vitam producere, tantumque pro rata temporis ad virtutem accedere quantum hoc biennio, per congressum nove contra veterem voluntatis, ab obstinatione pristina recessisti, nonne tunc posses, etsi non certus, at saltem sperans, quadragesimo etatis anno mortem oppetere, et illud residuum vite in senium abeuntis equa mente negligere?"

VIII.1 Hec atque his similes cogitationes in pectore meo recursabant, pater. (2) De provectu meo gaudebam, imperfectum meum flebam, et mutabilitatem comunem humanorum actuum miserebar; et quem in locum, quam ob causam venissem quodammodo videbar oblitus, donec, ut omissis curis, quibus alter locus esset oportunior, respicerem et viderem que visurus adveneram—instare enim tempus abeundi, quod inclinaret iam sol et umbra montis excresceret, admonitus et velut expergefactus, verto me in tergum, ad occidentem respiciens. (3) Limes ille Galliarum et Hispanie, Pyreneus vertex inde non cernitur, nullius quem sciam obicis interventu, sed sola fragilitate mortalis visus; Lugdunensis autem provincie montes ad dexteram, ad levam vero Massilie fretum, et quod Aquas Mortuas verberat, aliquot dierum spatio distantia preclarissime videbantur; Rhodanus ipse sub oculis nostris erat.

IX.1 Que dum mirarer singula, et nunc terrenum aliquid saperem, nunc exemplo corporis animum ad altiora subveherem, visum est michi *Confessionum* Augustini librum, charitatis tue munus, inspicere, quem et conditoris et donatoris in memoriam servo, habeoque semper in manibus. (2) Pugillare opusculum, perexigui voluminis sed infinite dulcedinis, aperio, lecturus quidquid occurreret; quid enim nisi pium et devotum posset occurrere? (3) Forte autem decimus illius operis liber oblatus est. (4) Frater, expectans per os meum ab Augustino aliquid audire, intentis auribus stabat. (5) Deum testor ipsumque qui aderat, quod ubi primum defixi oculos scriptum erat: "Et eunt homines admirari alta montium, et ingentes fluctus maris, et latissimos lapsus fluminum, et oceani ambitum, et giros siderum, et relinquunt se ipsos." (6) Obstupui, fateor, audiendique avidum fratrem rogans ne michi molestus esset, librum clausi, iratus michimet quod nunc etiam terrestria mirarer, qui iampridem ab ipsis gentium philosophis discere debuissem, nichil preter animum esse mirabile, cui magno nichil est magnum.

X.1 Tunc vero montem satis vidisse contentus, in me ipsum interiores oculos reflexi, et ex illa hora non fuit qui me loquentem audiret, donec ad ima pervenimus. (2) Satis michi taciti negotii verbum illud attulerat, nec opinari poteram id fortuito contigisse, sed quidquid ibi legeram, michi et non alteri dictum rebar, recolens quod idem de se ipso suspicatus olim esset Augustinus, quando in lectione Codicis Apostolici, ut ipse refert, primum sibi illud occurrit: "Non in comessationibus et ebrietatibus, non in cubilibus et impudicitiis, non in contentione et emulatione, sed induite Dominum Jesum Christum, et carnis providentiam ne feceritis in concupiscentiis vestris." (3) Quod iam ante Antonio acciderat, quando audito Evangelio ubi scriptum est, "si vis perfectus esse, vade et vende omnia tua quecumque habes, et da pauperibus, et veni, et sequere me, et habebis thesaurum in celis," "veluti propter se hec esset scriptura recitata" (ut scriptor rerum eius Athanasius ait), "ad se dominicum traxit imperium." (4) Et sicut Antonius, his auditis, aliud non quesivit, et sicut Augustinus, his lectis, ulterius non processit; sic et michi in paucis verbis que premisi, totius lectionis terminus fuit, in silentio cogitanti, quanta mortalibus consilii esset inopia, qui, nobilissima sui parte neglecta, diffundantur in plurima, et in inanibus spectaculis evanescant, quod intus inveniri poterat, querentes extrinsecus, admirantique nobilitatem animi nostri, nisi sponte degenerans ab originis sue primordiis aberrasset, et que sibi dederat in honorem Deus ipse in opprobrium convertisset. (5) Quotiens, putas, illo die, rediens et in tergum versus cacumen montis aspexi, et vix unius cubiti altitudo visa est, pre altitudine contemplationis humane, si quis eam non in lutum terrene feditatis immergeret. (6) Illud quoque per singulos passus occurrebat: Si tantum sudoris ac laboris, ut corpus celo paululum proximius fieret, subire non piguit, que crux, quis carcer, quis equuleus deberet terrere animum appropinquantem Deo, turgidumque cacumen insolentie et mortalia fata calcantem? (7) Et hoc: Quoto cuique accidet, ut ab hac semita vel durarum metu rerum vel mollium cupidine non divertat? (8) O nimium felix! si quis usquam est, de illo sensisse arbitror poetam:

> Felix qui potuit rerum cognoscere causas,
> Atque metus mortis et inexorabile fatum
> Subiecit pedibus, strepitumque Acherontis avari.

(9) O quanto studio elaborandum esset, non ut altiorem terram, sed ut elatos terrenis impulsibus appetitus sub pedibus haberemus!

XI.1 Hos inter undosi pectoris motus, sine sensu scrupulosi tramitis, ad illud hospitiolum rusticum, unde ante lucem moveram, profunda nocte remeavi, et luna pernox gratum obsequium prestabat euntibus. (2) Interim ergo, dum famulos apparande cene studium exercet, solus ego in partem domus abditam perrexi, hec tibi raptim et ex tempore scripturus, ne, si distulissem, pro varietate locorum mutatis forsan affectibus, scribendi propositum deferveret. (3) Vide itaque, pater amantissime, quam nichil in me oculis tuis occultum velim, qui tibi nedum universam vitam meam, sed cogitatus singulos tam diligenter aperio; pro quibus ora, queso, ut tamdiu vagi et instabiles, aliquando subsistant, et inutiliter per multa iactati, ad unum, bonum, verum, certum, stabile, se convertant. (4) Vale.

                VI Kal. Maias, Malaucena.

FAMILIARIUM LIBER DECIMUS
EPYSTOLA I.
FRANCISCUS PETRARCA
CAROLO IV AUGUSTO
IMPERATORI ROMANORUM S. P. D.
Enixe hortatur ut Italiam adventet,
Romani Imperii gloriam restituturus.

I.1 Precipitium horret epystola, serenissime Cesar, auctoris sibi conscia, dum cogitat unde digrediens, quo ventura sit; in tenebris enim orta, quid mirum si in clarissimi tui nominis splendore confunditur? (2) Sed quoniam omnem pavorem amor excutit, in lucem veniet, etsi nichil aliud, at saltem fidelis affectus mei nuntia. (3) Perlege, oro, decus nostrum, perlege, neu quas odiosas tibi ac molestas audio, ex me blanditias verearis, publicam regum pestem. (4) Ars ea procul a moribus meis abest; lamentis potius aurem para—non tam blanda quam querula oratione pulsaberis.

II.1 Quid enim nostri et, si dici fas est, tui ipsius immemor factus es? (2) Quonam abiit Italie tue cura? (3) Nos equidem sperabamus te, celitus nobis missum, libertatis nostre promptissimum assertorem; tu refugis, et ubi factis opus est, longissimis consultationibus tempus trahis. (4) Vide, Cesar, quam fiducialiter tecum ago, homo pusillus et incognitus; tu, queso, ne libertati mee succenseas, sed nature moribusque tuis gratulare, qui hanc michi fiduciam subministrant.

III.1 Quid enim, ut ceptum sequar, quasi venturi certus, tempus in consiliis expendis? (2) Nescis in quam brevi spatio maximarum rerum momenta versentur? (3) Que multis elaborata sunt seculis, sepe dies unus conficit; crede michi, si famam propriam, si Reipublice statum cernis, videbis tuas itidem res ac nostras dilationibus non egere. (4) Quid, quod ambigua et fugacissima vita est, et quamvis integerrima etas tua sit, est tamen instabilis, assidueque volat ac rapitur? (5) Itaque non sentientem omnis te in senium dies trudit; dum circumspicis, dum cuntaris, improvisa furtim aderit canities. (6) An forte dubitas, ne ante tempus inceperis, ad quod peragendum vix humane vite longissimum tempus intelligis suffecturum? (7) Neque enim vulgaris aut mediocris negotii tibi cura est; Romanum Imperium, multis diu iactatum tempestatibus, sepe delusam et pene iam proiectam spem salutis in tua tandem virtute reponit, et per innumeros casus, sub umbraculo tui nominis utcumque respirat—sed sola iam spe diutius pasci nequit. (8) Sentis quantam et quam piam curarum sarcinam suscepisti; perfer ad exitum, precamur, idque quam primum facito. (9) Pretiosissima, imo vero inextimabilis res est tempus, et cuius solius avaritiam doctorum omnium commendat autoritas. (10) Pelle moras igitur, et quod grande aliquid aggressis utilissimum est, singulos dies magni extima: ea te cogitatio parcum temporis efficiet, ea te coget ut venias, et inter adversitatum nubila desideratum nobis augustissime tue frontis lumen ostendas.

IV.1 Non te transalpinarum solicitudo rerum, non te natalis soli dulcedo detineat; quotiens in Germaniam inspexeris, Italiam cogita. (2) Illic natus, hic nutritus; illic regnum, hic et regnum habes et imperium, et quod nationum ac terrarum omnium pace dixerim, cum ubique membra, hic ipsum caput invenies monarchie. (3) Nullus igitur ignavie locus est, ut ad nutum cunta succedant; magnum fuerit tantarum rerum fragmenta colligere. (4) Sentio quidem novitatem rerum omnium esse suspectam; sed ad nova non traheris, neque tibi aliter Italia quam Germania nota est. (5) Ab infantia enim tua, nobis divinitate propitia repromissus, altum inclyti patris iter mira indole prosecutus, sub eo et Italicas urbes, et mores hominum, et terrarum situs, et gloriose rudimenta militie didicisti. (6) Quin etiam adhuc puer—quod plusquam humane virtutis fuit—preclaras hic sepe victorias meruisti, sub quibus, etsi magna erant que gerebas, maiora tamen puerilis expeditionis mysterio velabantur, ne scilicet eam patriam vir timeres, que tibi puero tantarum victoriarum materiam prebuisset, et quid hinc sperare debeas imperator, primevi tyrocinii auspicio provideres. (7) Adde quod nullius unquam externi principis adventum letius expectavit Italia, ut que nec aliunde remedium vulneribus suis sperat, nec tuum tamquam alienigene iugum timet. (8) Hoc singulare, si nescis, habet apud nos maiestas tua; quid enim verear loqui quod sentio et quod te iudice probari confido? (9) Miro quidem Dei favore nunc primum in te nobis post tot secula mos patrius et Augustus noster est redditus, te enim, ut libet, sibi Germani vindicent, nos te Italicum arbitramur.

V.1 Propera igitur, quod sepe iam dixi, et sepius est dicendum, propera. (2) Scio actus tibi placere Cesareos, nec immerito: Cesar es. (3) Atqui primus opifex imperii tante "celeritatis" fuisse dicitur, ut ipse sepe adventus sui "nuntios preveniret." (4) Idem fac, et quem titulis equasti, rebus equare satage. (5) Noli amplius benemeritam Italiam tui desiderio fatigare; noli ardorem nostrum nuntiis et expectatione restinguere. (6) Te unum poscimus; tui siderei vultus intuitum postulamus. (7) Si virtutis amicus es, si glorie studiosus, cuius (ut sic ego Carolum nostrum alloquar, sicut Iulium Cesarem Marcus Tullius alloquitur) "avidissimum te, quamvis sis sapiens, non negabis," noli, obsecro, laborem fugere, nam qui laborem fugit, et gloriam et virtutem fugit, ad quas nunquam nisi arduo et laborioso calle pertingitur. (8) Tu vero, quem et honesti laboris et vere laudis appetentissimum scimus, surge, age, et equus magnorum ponderum distributor, graviora quelibet etati prevalide et fortioribus humeris impone. (9) Iuventus labori apta, otio senectus; profecto autem ex omnibus optimis ac sanctissimis curis tuis, nulla gravior quam ut Italicum orbem tranquilla pace componas. (10) Ea sarcina huius evi par est; cetera leviora quam ut tantum et tam generosum animum occupare mereantur. (11) Hoc igitur primum fac, reliqua suum tempus invenient, quamquam placata ad plenum et composita Italia, nichil aut modicum putem negotii superesse.

VI.1 Finge nunc animo almam te Romane urbis effigiem videre; cogita matronam evo gravem, sparsa canitie, amictu lacero, pallore miserabili, sed infracto animo et excelso, pristine haud immemorem maiestatis, ita tecum loqui: "Ego, Cesar—ne despexeris iratus me—multa olim potui, multa gessi. (2) Ego leges condidi, ego annum partita sum, ego docui militie disciplinam, ego quingentis annis in Italia consumptis, ducentis ordine sequentibus—cuius rei fide dignissimi testes sunt—Asiam, Africam, Europam, totum denique orbem terrarum bellis et victoriis peragravi, multo sudore, multo sanguine multoque consilio, surgentis imperii fundamenta communiens. (3) Ego primum libertatis auctorem Brutum, dum michi obsequitur, interfectis filiis, superbo hosti mutuis commorientem vulneribus aspexi. (4) Ego natantes virum armatum et inermem puellam stupui; ego pium Camilli exilium, et Cursoris laboriosam militiam, et incomptum Curii caput, et electum ab aratro consulem et ruricolam dictatorem, et regiam Fabricii paupertatem, et Publicole elatum funus, et insolitam viventis Curtii sepulturam, et gloriosum carcerem Atilii, et insigni devotionis habitu procumbentes Decios, et Corvini spectabile duellum, et mitem patri durum filio Torquatum, et profusum una Fabiorum sanguinem, et attonitum Porsennam, et fumantem generosam Mucii dexteram vidi. (5) Ego Senonum flammas, et Pyrrhi elephantes, et opes Antiochi, et pertinaciam Mithridatis, et Syphacis amentiam, et Ligurum difficultates, et bella Samnitica, et Cimbrorum motus, et Macedonum minas, et Punicas fraudes pertuli (6) Ego Carrhas, Egyptum, Persidem, Arabiam, Pontum, et utramque Armeniam, et Galatiam, et Cappadociam, et Thraciam, et Pharium litus, et Ethiopicas arenas; ego Libye campos et Hispanie, ego Aquas Sextias, Ticinum, Trebiam, Thrasymenum, Cannas et claras profuso cruore Thermopylas; ego Danubium et Rhenum, Indum et Hydaspem, Rhodanum et Hiberum, Euphratem, Tigrim, Gangem, Nilum et Hebrum, Tanaim et Araxen; ego Taurum et Olympum; ego Caucasum et Atlanta; ego Ionium et Egeum, Scythicum atque Carpathium mare; ego Hellespontiacum sinum et Euboicas angustias; ego Adriaticum et Tyrrhenum, denique perdomitum nostris classibus Oceanum, hostium simul et natorum sanguine cruentavi, ut tanta scilicet bellorum seriem pax eterna sequeretur, et per multorum manus ad te venturum stabiliretur imperium. (7) Nec mea me fefellit intentio; voti compos, omnia sub pedibus meis vidi. (8) Inde sensim, nescio quonam modo, nisi quia mortalium opera non decet esse immortalia, in laborem meum irrepsit aliena segnities, et ne lacrimabilem ordiar historiam, quorsum se res redegerit, vides.

VII.1 "Tu michi prope iam desperanti divinitus destinatus, quid cessas? (2) Quid cogitas? (3) Quid expectas? (4) Sane nunquam aut ego tui egentior, aut tu ad opem ferendam aptior, aut Romanus Pontifex clementior, aut expectatio populorum maior, aut favor Dei et hominum propensior, aut illustrior res agenda. (5) Differs? (6) Inimica semper magnis mora principiis; moveant animum tuum exempla clarissima eorum qui nichil in senium differentes, oblatam semel occasionem impigerrime rapuerunt. (7) Alexander Macedo ea etate qua nunc es, Oriente pererrato, Indorum regna pulsabat, aliena rapturus; tu tuum repetens, devotam tibi non intrabis Italiam? (8) Eadem hac etate tua Scipio Africanus in Africam transgressus, senum quamvis retrahente sententia, nutanti iam et ruinam minanti imperio pias adhibuit manus atque incredibili virtute impendens michi iugum Carthaginiense discussit. (9) Magna res in primis et periculi novitate memorabilis, nostris ardentibus, hostium fines invadere, et Hannibalem Italie tunc Galliarumque et Hispanie victorem, ac iam totius orbis imperium timenda mente versantem, hinc vi detractum, illic armis vincere. (10) Tibi nulla quidem transeunda sunt maria, nullus Hannibal vincendus; pronum iter, plana et aperta sunt omnia, que enim obserata quidam putant, presentie tue tonitrui patescent. (11) Ingens, nisi respuis, nove tibi glorie campus ostenditur; ingredere fortiter, intrepide. (12) Iustorum comes et adiutor principum, Deus aderit; aderunt armate bonorum acies, duce te, libertatem perditam reposcentes. (13) Possem te nunc exemplis solicitare contrariis eorum qui gloriosa primordia seu mortis seu insignis cuiuspiam impedimenti obice nequaquam ad exitum perduxerunt, sed ubi domestica suppetunt, externa non querimus. (14) Unus tibi, non procul, non ex annalibus querendus, unus tibi pro omnibus satis erit: Henricus VII, eterne memorie serenissimus avus tuus, cui si ad explenda que sacra mente conceperat, vite spatium suffecisset, versa rerum sorte, et afflictos hostes et me regnantem et liberrimos Italie populos ac felicissimos reliquisset. (15) Expectat nunc ille celorum perpetuus incola, et ab alto considerat gressus tuos; dies computat, horasque dinumerat, teque mecum increpitans alloquitur.

VIII.1 "'Nepos amantissime, quo superstite, nec bonorum spes nec ego totus interii, Romam nostram atque illius lacrimas precesque dignissimas amplectere, reformandeque Reipublice propositum, quod mea mors, mundo quam michi damnosior, prevertit, et inefficacem animi mei zelum pari ardore prosequere, sed felicius, sed letius. (2) Incipe; ne moreris, et nostri memor, scito te esse mortalem. (3) I celer et gaudentium Alpium claustra transcende;

Roma sponsum, sospitatorem suum vocat Italia et tuis pedibus tangi cupit. (4) Expectant te leti colles ac flumina, expectant urbes et oppida, expectant bonorum agmina, et si te nil aliud urgeret, nisi quod malis nunquam satis distulisse, bonis nunquam satis festinasse videberis, sat cause est, ut his gaudium, illis penam vel, si resipiscere maluerint, veniam laturus acceleres. (5) Solus es cui Deus Omnipotens interrupti consilii mei dilatam gloriam reservavit.'"

VI Kal. Martias, Patavi.

FAMILIARIUM LIBER DECIMUSTERTIUS
EPYSTOLA VIII.
FRANCISCUS PETRARCA
FRANCISCO
PRIORI SANCTORUM APOSTOLORUM S. P. D.
De ratione vite sue ad fontem Sorgie.

I.1 Ad fontem Sorgie estatem ago; iam quod sequitur, tacito me licet, intelligis, sed si loqui iubes, brevibus expediam. (2) Corpori meo bellum indixi. (3) Ita me Ille adiuvet, sine cuius ope succumberem, ut gula ut venter ut lingua ut aures oculique mei sepe michi non artus proprii, sed hostes impii videntur. (4) Multa quidem hinc michi mala provenisse memini, presertim ab oculis, qui ad omne precipitium mei fuerunt duces. (5) Hos ita conclusi, ut preter celum, preter montes ac fontes, fere nichil videant: non aurum, non gemmas, non ebur, non purpuram, non equos (nisi duos, eosque ipsos exiguos, qui cum unico puero his me vallibus circumvectant), postremo nullius usquam mulieris, nisi villice mee faciem, quam si videas, solitudinem Libycam aut Ethiopicam putes te videre, aridam penitus et vere solis ab ardoribus adustam faciem, cui nichil viroris, nichil succi inest, faciem qualem si Tyndaris habuisset, Troia nunc etiam staret; si Lucretia et Virginia, nec regno Tarquinius pulsus esset, nec Appius vitam in carcere finivisset. (6) Verum ne sibi post oris descriptionem dignas morum laudes subtraham, quam fusca facies tam candidus est animus, magnum et ipsa nichil animo nocentis femine deformitatis exemplum, de quo forte aliquid dicerem, nisi quia circa Claranum suum abunde hunc articulum in epystolis prosecutus est Seneca. (7) Hoc singularius habet villica mea, quod cum forma corporis femineum potius quam virile bonum sit, hec adeo forme iacturam non sentit, ut decere illam putes esse deformem; nichil fidelius, nichil humilius, nichil operosius. (8) Sub ardentissimo sole, vix cicadis estum tolerantibus, totos dies agit in campis, et Cancrum et Leonem durata cute contemnit; sero domum rediens, anicula sic indefessum rebus domesticis adhibet invictumque corpusculum, ut e thalamo venientem iuvenem dicas: nullum interea murmur, nulle querimonie, nullum turbate mentis indicium, sed viri et natorum et familie mee venientiumque ad me hospitum incredibilis cura, incredibilisque contemptus sui dumtaxat ipsius. (9) Huic saxee muliercule instrata sarmentis terra cubiculum, huic prope terreus panis cibus, vinumque aceto similius limphisque perdomitum potus est; si quid mollius apponas, iam desuetudine longissima durum putat omne quod mulcet. (10) Sed satis multa de villica, que nisi in agresti scriptura locum repertura non fuerat.

II.1 Hoc modo igitur oculos castigo; quid de auribus dicam? (2) Cantus et tibie et fidium dulcedo, quibus extra me ipsum rapi soleo, nulli sunt michi; totam suavitatem illam aura dispersit. (3) Nunc nichil omnino, preter raros boum mugitus aut balatus pecudum, preter volucrum cantus continuumque murmur aquarum, audio. (4) Quid lingua, qua sepe me ipsum, interdum forte alios erexi? (5) Nunc iacet ipsa et a mane sepe ad vesperam silet, cui enim loquatur, preter me, non habet. (6) Iam vero gulam ventremque sic institui, ut sepe bubulci mei panis et michi sufficiat et sepe etiam delectet, et niveum aliunde michi allatum famuli, qui tulere, manducent; tam consuetudo michi pro voluptate est. (7) Itaque villicus meus indulgentissimus familiaris, ipseque vir saxeus de nulla re mecum litigat, nisi quod durior michi sit victus, quam qui, ut dicit, diutius ferri queat. (8) Ego contra sentio diutius talem victum tolerari posse quam mollem, quem magni tedii esse et quinque diebus continuari non posse, Satyricus ait. (9) Uva, ficus, nuces, et amygdale delitie mee sunt; quibus hic fluvius abundat pisciculis delector, nunquam magis quam dum capiuntur, quod studiose etiam inspicio, iuvatque iam hamos ac retia tractare.

III.1 Quid de vestibus, quid de calceis loquar? (2) Mutata sunt omnia; non ille meus habitus—meus, inquam, propter eximiam vanitatem, qua, salva, ni fallor, honestate et decore servato, inter pares olim conspici dulce fuit. (3) Agricolam me seu pastorem dixeris, cum tamen adhuc et vestis exquisitior non desit, et mutati habitus nulla sit causa, nisi quia quod primum placuit, primum sordet. (4) Soluta sunt quibus ligabar vincula, clausique quibus placere cupiebam oculi, et puto, si aperti essent, hodie solitum in me imperium non haberent; meis autem oculis nullo modo magis placeo quam solutus ac liber.

IV.1 Quid de habitaculo dixerim? (2) Catonis aut Fabricii domum putes, ubi cum cane unico et duobus tantum servis habito. (3) Ceteros in Italia dimisi; omnes utinam in via dimisissem, ad me nunquam redituros, mee quietis unicam procellam. (4) Villicus autem contiguam habet domum, michi semper presto dum usui est, et ne unquam obsequium vergat in tedium, parvo mox ostio secludendus. (5) Hic michi duos ortulos quesivi tam ingenio propositoque meo consentaneos, ut nichil magis, quos si describere aggrediar, longus fiam.

V.1 In summa vix situ simile aliquid reor habeat orbis terrarum, et, si femineam levitatem fateri oportet, tale quidquam esse extra Italiam indignor. (2) Hunc Helicona nostrum transalpinum vocitare soleo, est enim alter umbrosus solique studio aptus, et nostro sacer Apollini. (3) Hic nascenti Sorgie impendet, ultra quem nichil est nisi rupes et avia, prorsus, nisi feris aut volucribus, inaccessa. (4) Alter domui proximus et aspectu cultior et dilectus est Bromio; hic, mirum dictu! rapidissimi ac pulcherrimi amnis in medio est, iuxta quem brevi tantum ponte disiuncta, ultima domus in parte, testudo vivis ex lapidibus curvata suspenditur, que nunc celo ardente sentiri vetat estatem. (5) Locus est qui ad studium accendat, augurorque non absimilis atriolo illo ubi declamare solitus erat Cicero, nisi quod illud preterlabentem Sorgiam non habebat. (6) Sub hac ergo meridies exigitur, mane in collibus, vesper in pratis vel asperiore in ortulo ad fontem naturam vincentem artificio, ubi locus est alta sub rupe ac mediis in undis, angustus quidem, sed plenus stimulis ardentibus, quibus piger licet animus in altissimas curas possit assurgere. (7) Quid vis? (8) Possem forsan hic vivere nisi vel tam procul Italia, vel tam prope esset Avinio. (9) Quid enim dissimulem geminam animi mollitiem? (10) Illius me amor mulcet ac vellicat, huius me odium pungit et asperat, odorque gravissimus toti mundo pestifer; quid mirum si in vicinitate nimia unius parvi ruris innocuam polluit puritatem? (11) Ille me hinc pellet, sentio enim statum interim meum. (12) Vides, nichil est quod cupiam nisi te cum amicis qui rari superant, nichil est quod metuam, nisi reditum ad urbes. (13) Vale.

FAMILIARIUM LIBER VICESIMUSQUARTUS
EPYSTOLA III.
FRANCISCUS PETRARCA
M. TULLIO CICERONI S. P. D.
Reprehendit naturam eius
inconstantem et contentiosam.

(1) Epystolas tuas diu multumque perquisitas, atque ubi minime rebar inventas, avidissime perlegi; audivi multa te dicentem, multa deplorantem, multa variantem, Marce Tulli, et qui iampridem qualis preceptor aliis fuisses noveram, nunc tandem quis tu tibi esses agnovi. (2) Unum hoc vicissim a vera caritate profectum non iam consilium sed lamentum audi, ubicunque es, quod unus posterorum, tui nominis amantissimus, non sine lacrimis fundit. (3) O inquiete semper et anxie, vel ut verba tua recognoscas, "o preceps et calamitose senex," quid tibi tot contentionibus et prorsum nichil profuturis

simultatibus voluisti? (4) Ubi et etati et professioni et fortune tue conveniens otium reliquisti? (5) Quis te falsus glorie splendor senem adolescentium bellis implicuit, et per omnes iactatum casus ad indignam philosopho mortem rapuit? (6) Heu, et fraterni consilii immemor et tuorum tot salubrium preceptorum, ceu nocturnus viator lumen in tenebris gestans, ostendisti secuturis callem, in quo ipse satis miserabiliter lapsus es. (7) Omitto Dionysium, omitto fratrem tuum ac nepotem, omitto, si placet, ipsum etiam Dolabellam, quos nunc laudibus ad celum effers, nunc repentinis malidictis laceras; fuerint hec tolerabilia fortassis. (8) Iulium quoque Cesarem pretervehor, cuius spectata clementia ipsa lacessentibus portus erat; Magnum preterea Pompeium sileo, cum quo iure quodam familiaritatis quidlibet posse videbare. (9) Sed quis te furor in Antonium impegit? (10) Amor credo Reipublice, quam funditus iam corruisse fatebaris. (11) Quod si pura fides, si libertas te trahebat (quod quidem de tanto viro licet opinari), quid tibi tam familiare cum Augusto? (12) Quid enim Bruto tuo responsurus es? (13) "Si quidem," inquit, "Octavius tibi placet, non dominum fugisse sed amiciorem dominum quesisse videberis." (14) Hoc restabat, infelix, et hoc erat extremum, Cicero, ut huic ipsi tam laudato malidiceres, qui tibi non dicam malifaceret, sed malifacientibus non obstaret. (15) Doleo vicem tuam, amice, et errorum pudet ac miseret tantorum, iamque cum eodem Bruto "iis artibus nichil tribuo, quibus te instructissimum fuisse scio." (16) Nimirum quid iuvat alios docere, quid ornatissimis verbis semper de virtutibus loqui prodest, si te interim ipse non audias? (17) Ah, quanto satius fuerat philosopho presertim in tranquillo rure senuisse, "de perpetua illa," ut ipse quodam loco ais, "non de hac iam exigua vita cogitantem," nullos habuisse fasces, nullis triumphis inhiasse, nullos inflasse tibi animum Catilinas. (18) Sed de hoc quidem frustra. (19) Eternum vale, mi Cicero.

    Apud superos, ad dexteram Athesis ripam, in civitate Transpadane Italie Verona, XVI Kalendas Quintiles, anno ab ortu Dei illius quem tu non noveras, MCCCXLV.

FAMILIARIUM LIBER VICESIMUSQUARTUS
EPYSTOLA VIII
FRANCISCUS PETRARCA
TITO LIVIO S.P.D.
Ingenium eius exaltat,
librosque deperditos lamentatur.

I.1 Optarem, si ex alto datum esset, vel me in tuam vel te in nostram etatem incidisse, ut vel etas ipsa vel ego per te melior et visitatorum ex numero tuorum unus forem, profecto non Romam modo te videndi gratia, sed Indiam ex Galliis aut Hispania petiturus. (2) Nunc vero qua datur te in libris tuis video, non equidem totum, sed quatenus nondum seculi nostri desidia periisti. (3) Centum quadraginta duos rerum Romanarum libros edidisse te novimus —heu quanto studio, quantis laboribus! (4) Vix triginta ex omnibus supersunt. (5) O mos pessimus nosmet ipsos de industria fallendi. (6) Triginta dixi quia omnes vulgo id dicunt; ego autem deesse unum iis ipsis invenio: novem et viginti sunt, plane tres decades, prima, tertia et quarta, cui librorum numerus non constat. (7) In his tam parvis tuis reliquiis exerceor quotiens hec loca, hec tempora vel hos mores oblivisci volo, et sepe acri cum indignatione animi adversus mores hominum nostrorum, quibus nichil in precio est nisi aurum et argentum atque obscena corporum voluptas, que si in bonis habenda sunt, multo cumulatius multoque perfectius non tantum mute pecudis sed immobilis et insensibilis elementi quam rationalis hominis bonum erit.

II.1 Sed de hoc alias. (2) Nunc tibi potius tempus est ut gratias agam cum pro multis tum pro eo nominatim, quod oblitum sepe presentium malorum seculis me felicioribus inseris, ut inter legendum saltem cum Corneliis Scipionibus Africanis, Leliis, Fabiis Maximis, Metellis, Brutis, Deciis, Catonibus, Regulis, Cursoriis, Torquatis, Valeriis Corvinis, Salinatoribus, Claudiis Marcellis, Neronibus, Emiliis, Fulviis, Flaminiis, Atiliis, Quinctiis, Curiis, Fabriciis, ac Camillis, et non cum his extremis furibus, inter quos adverso sidere natus sum, michi videar etatem agere. (3) Et o, si totus michi contingeres, quibus aliis quantisve nominibus et vite solatium et iniqui temporis oblivio quereretur. (4) Que quoniam simul apud te nequeo, apud alios sparsim lego, profecto et eo in libro ubi te totum sed in angustias sic coactum video ut librorum numero nichil, rebus ipsis infinitum desit. (5) Tu velim de antiquioribus Polybium et Quintum Claudium et Valerium Antiatem reliquosque quorum glorie splendor tuus officit, de novis vero Plinium Secundum Veronensem, vicinum tuum, atque emulum quondam tuum Crispum Sallustium salutes; quibus nuncia nichilo feliciores eorum vigilias fuisse quam tuas. (6) Eternum vale, rerum gestarum memorie consultor optime.

    Apud superos, in ea parte Italie et in ea urbe in qua et ego nunc habito et tu olim natus ac sepultus es, in vestibulo Iustine virginis, et ante ipsum sepulcri tui lapidem, VIII Kalendas Martias, anno ab ortu Eius, quem si paulo vixisses diutius, cernere vel natum audire potuisses, MCCCL.

SENILIUM LIBER TERTIUS
EPYSTOLA VI
AD IOANNEM BOCCATIUM
De mortalis instabilitate propositi.

I.1 Dum nil serium quod scriberem adesset, et omnino aliquid scribere mens esset, quod memorie proximum fuit, arripui. (2) Leo noster, vere Calaber, sed ut ipse vult Thessalus, quasi nobilius sit Grecum esse quam Italum, idem tamen ut apud nos Grecus sit, apud illos puto Italus, quo scilicet utrobique peregrina nobilitetur origine; hic Leo, inquam, undecumque magna bellua, me nolente frustraque diu ac multum dissuadente, surdior scopulis ad quos ibat, tuum post abitum hinc abiit. (3) Nosti hominem et me nosti: an is tristior an ego letior, haud facile iudices. (4) Itaque veritus ne convictu assiduo fortassis inficerer—est enim animi egritudo non minus contagiosa quam corporis—abire passus sum, ad quem tenendum alio quam precum vinculo opus esset, dato illi vie comite comico Terentio, quo incredibiliter delectari eum animadverteram, sepe stupens quid comune habere posset Graius ille mestissimus cum hoc Afro iucundissimo. (5) Sed vix ulla tanta dissimilitudo est que non simile aliquid habeat, sicut contra, nulla tanta similitudo que non aliquid dissimile. (6) Abiit ergo sub estatis exitum, multa me coram sepe in Italiam Latinumque nomen acerrime invectus.

II.1 Vix illum pervenisse diceres, dum ex insperato barba et crinibus suis horridior maiorque ad me rediit epystola, ubi inter multa ceu terram celestem, damnatam modo, laudat atque amat Italiam, dilectamque Greciam odit laudatumque Byzantium execratur, et ut se iubeam ad me venire, tanta rogat instantia quanta vix Petrus naufragans imperantem fluctibus Christum orat. (2) Ego rideo mirorque hanc iuditiorum tantam vertiginem tam brevi temporis spatio—imo ne id quidem miror, scio enim animo qui radices in sapientia et virtute non egerit, nichil esse mobilius, cuius rei causas fortasse alias sed unam haud ineptam, ut pagani hominis apud Senecam legisse potes, in eo libro quo Elbiam consolatur. (3) "Invenio," inquit, "qui dicant naturalem inesse quandam irritationem animis commutandi sedes et transferendi domicilia, mobilis enim et inquieta homini mens data est: nusquam se tenet; spargitur et cogitationes suas in omnia nota atque ignota dimittit, vaga et quietis impatiens et novitate rerum letissima. (4) Quid non miraberis si primam eius originem aspexeris? (5) Non enim terreno et gravi concreta corpore, sed ex illo celesti spiritu descendit; celestium autem natura semper in motu est." (6) Probat hoc deinde, sed superfluo, nam res sensibus clara est, cui tamen hoc adiciam et rem dicam mirabilem, sed ni fallor, veram: ubi duo illa defuerint quibus radicatum quero animum, ad constantiam eius non modo non prodesse literas sed obesse. (7) Dant audaciam, loca edocent, vias monstrant, congerunt viaticum, varios cingunt cogitatus, quibus ut stimulis multa videndi excitant appetitum neque frenant natura vagum animum, sed impellunt, agitant, circumvolvunt. (8) Id si unquam in ullo homine clarum fuit, in hoc nostro Leone clarissimum est. (9) Non leo Marmaricus dum febrit caveis lustrandis ardentior crebriorque quam hic noster provinciis peragrandis, et ut auguror, nisi Rome officium pauperies occupasset, non Leo esset ille, sed volucris. (10) Gaudeo hercle verbis incredulum, rebus admonitum et saxeum illud caput experientia emolitum; ceterum neque constantie sue fido, neque vel naturam vel etatem, et si ipse aliud spondeat, mutandis moribus aptam reor.

III.1 Unum preterea quod ridebis precibus inserit, ut pro eo scilicet apud Constantinopolitanum imperatorem literis intercedam, cuius michi nec visa facies nec auditum nomen; Leo tamen, me sic illi ut Romano imperatori notum ac familiarem, quia cupit, etiam opinatur, quasi qui in imperii titulo conveniunt unum sint prope suo iure id quidem. (2) Greci enim Constantinopolim alteram Romam vocant, quam non parem modo antique sed maiorem corporibus ac divitiis effectam dicere ausi sunt, quod si in utroque verum esset, sicut in utroque Sozomeni hoc scribentis pace dixerim falsum est, certe viris armis, at virtutibus et gloria parem dicere quamvis impudens Greculus non audebit.

IV.1 Postremo autem ne amici volatilis tam verbosa mentio frustra sit, redit hic in animum te precari, ut Homerice partem illam Odyssee qua Ulixes it ad Inferos, et locorum que in vestibulo Erebi sunt descriptionem ab Homero factam, ab hoc autem de quo agimus tuo hortatu in Latinum versam, michi quamprimum potes admodum egenti, utcumque tuis digitis exaratam, mittas. (2) Hoc in presens; in futurum, autem, si me amas, vice, obsecro, an tuo studio mea impensa fieri possit, ut Homerus integer bibliothece huic, ubi pridem Grecus habitat, tandem Latinus accedat, nam non sum nescius quanta tuarum mole rerum pregravatis humeris, quid imponam, sui appetens, fidens tui.
        Vale. Venetiis, Kalendas Martias.

SENILIUM LIBER SEXTUSDECIMUS
EPYSTOLA I
AD LUCAM DE PENNA PAPE SECRETARIUM
De libris Ciceronis

I.1 Dabis veniam, insignis vir, stylo, ut quibusdam fortasse videbitur irreverenti, sed deum testor, minime insolenti, stylo enim alio uti nescio. (2)

Singulariter te alloquor, cum sis unus et in hoc naturam sequor ac maiorum morem, non blanditias modernorum, mirorque quod tu talis vir me aliter alloqueris, cum et ego unus sim utinamque integer, nec in multa viciorum frusta discerptus; denique sic Romanum imperatorem regesque alios, sic Romanos quoque pontifices alloqui soleo; si aliter facerem, viderer michi mentiri. (3) Quidni autem cum Iesum Christum ipsum Regem regum et Dominum dominantium, ut minores alios longe, licet maximos sileam, non aliter alloquamur, utque iam hic, quod olim cum antiquo feci, novo glorier cum amico? (4) Styli huius per Italiam non autor quidem sed instaurator ipse michi videor, quo cum uti inciperem adolescens, a coetaneis irridebar qui in hoc ipso certatim me postea sunt secuti.

II.1 Nunc, incipio: multos dies in itinere posuit epystola tua hec novissima, siquidem tertio Nonas Februarias, ad levam Rhodani ripam data, decimo Kalendas Aprilis, sero admodum prima face pervenit in hos colles Euganeos, ubi nunc secus intimum sinum maris Adriatici, senex et infirmus a iuventute dilectam solitariam vitam dego, amator ruris, osor urbium. (2) Petieras ex me ut de libris Ciceronis, si quos inusitatos et extraneos haberem, tibi quoque cuidam nuper cepto operi subvenirem, tua scilicet impensa, quo iustior petitio tua esset, sperans credo nec immerito, me facie licet incognitum honestis precibus haud difficilem fore, seu propter respectum fame tue longe etiam redolentis, seu vel maxime propter illius reverentiam cuius iussu opus illud assumpseras, domini nostri summi pontificis, qui me dignatione eximia et piis verbis ac literis suum fecit, quamquam omnes qui Christi sunt vel in debito sui sint. (3) Petitioni tamen tue respondi tunc non quod volui, sed quod potui: Ciceronis libros non me alios habere quam qui comuniter habentur, et quos idem dominus noster habet—vel ut puto, etiam pauciores. (4) Unum addidi, quod et verum fuit habuisse me alios, et amisisse, cuius rei longa esset historia, quam tamen pro tempore brevem feci. (5) Eas literas ad te non pervenisse ais, et petis ut replicem quod scripsi. (6) Simul ut rem noris, simul ut literis meis delectaris, quod, ut spero, tua charitas et nobilis te cogit opinio, parebit, et quamquam senectuti occupate presertim et invalide non labor tantum, ut tu dicis, sed supplicium sit scribere, scribam tamen de delectatione, tu videris, de fatigatione pronuncio. (7) Certe si motum animi mei sequar, ego te hodie fatigabo. (8) Ita igitur se res habet.

III.1 Siquidem ab ipsa pueritia, quando ceteri omnes aut Prospero inhiant aut Esopo, ego libris Ciceronis incubui, seu nature instinctu seu parentis hortatu, qui autoris illius venerator ingens fuit; facile in altum evasurus, nisi occupatio rei familiaris nobile distraxisset ingenium et virum patria pulsum onustumque familia curis aliis intendere coegisset. (2) Et illa quidem etate nichil intelligere poteram; sola me verborum dulcedo quedam et sonoritas detinebat, ut quicquid aliud vel legerem vel audirem raucum michi longeque dissonum videretur. (3) Erat hac, fateor, in re pueri non puerile iuditium, si iuditium dici debet, quod nulla ratione subsisteret: illud mirum, nichil intelligentem id sentire quod tanto post aliquid licet modicum intelligens sentio. (4) Crescebat in dies desiderium meum, et patris admiratio ac pietas aliquamdiu immaturo favit studio, et ego hac una non segnis in re, cum vix testa effracta aliquam nuclei dulcedinem degustarem, nichil unquam de contingentibus intermisi, paratus sponte meum genium fraudare quo Ciceronis libros undecumque conquirerem.

IV.1 Sic cepto in studio, nullis externis egens stimulis, procedebam, donec victrix industrie cupiditas iuris civilis ad studium me detrusit, ut si diis placet addiscerem quid iuris de commodato et mutuo, de testamentis et codicillis, de prediis rusticis et urbanis, et obliviscerer Ciceronem vite leges saluberrimas describentem. (2) In eo studio septennium totum perdidi, dicam verius quam exegi. (3) Utque rem pene riciculam flebilemque audias factum est aliquando ut nescio quo sed minime generoso consilio, omnes quos habere potueram Ciceronis, et simul aliquot poetarum libri, lucrativo velut studio adversi, latibulis ubi ego, quod mox accidit metuens, illos abdideram, me spectante eruti, quasi heresium libri, flammis exurerentur, quo spectaculo non aliter ingemui quam si ipse iisdem flammis iniicerer. (4) Proinde pater, nam memini, me tam mestum contemplatus, subito duos libros pene iam incendio adustos eripuit, et Virgilium dextra tenens, leva rethoricam Ciceronis, utrumque flenti michi subridens ipse porrexit. (5) "Et habe tibi hunc," inquit, "pro solatio quodam raro animi, hanc pro adminiculo civilis studii." (6) His tam paucis sed tam magnis comitibus animum solatus, lachrymas pressi; dehinc circa primos annos adolescentie, mei iuris effectus, libris legalibus abdicatis, ad solita remeavi, eo ferventior quo interrupta delectatio acrior redit.

V.1 Post non multum tempus, circa vigesimum secundum etatis annum, dominorum Colunnensium nobilissime sed heu nimium caduce familie, que michi venerabilis semper et flenda erit, familiaritatem domesticam nactus eram, sub qua pene totum adolescentie mee tempus et virides annos egi, cuius michi autor fuit vir incomparabilis Iacobus de Columna, tunc Lomberiensis epyscopus, cuius michi recordatio dulcis pariter et amara est. (2) Non fuit mundus eo dignus; Christus illum sibi voluit et cito terris ablatum celo reddidit. (3) Et quoniam senex senem fatigavit ut scriberet, senem senex refatigabit ut legat. (4) Ille igitur me diu ante metas pueritie vix egressum Bononie viderat, et ut ipse post dicebat, meo delectatus erat aspectu, ignarus adhuc quis aut unde essem, nisi quod scolarem scolaris ex habitu cognoverat, in eo enim studio quod ego deserui, ut audisti, ipse perseveravit, donec honorificum ad terminum, mox ad epyscopium non annis debitum sed meritis est provectus. (5) Quam ob causam cum ad eam que Romana dicitur curiam profectus, ibi me infausto illi carceri ab origine destinatum revidisset iam malas prima lanugine vestientem, conditionibus meis exactius exploratis, ad suam tandem presentiam evocavit, qua ut puto nulla unquam dulcior fuit, nulla suavior; nullus illo viro gravior, nullus alacrior, nullus sapientior, nullus melior, nullus aut in prosperis modestior aut fortior in adversis atque constantior. (6) (Non audita michi sed visa oculis loquor.) (7) Iam in eloquentia nullus par; corda hominum habebat in manibus, sive ad clerum sive ad populum sermo esset; quocumque sibi libuisset, animos audientium rapiebat. (8) Iam et in epystolis et in quotidiano colloquio, tam clarus ut cum eum vel legeres vel audires, cor eius introspiceres, neque ullo opus esset interprete, sic verba conceptibus respondebant. (9) Fuerat et in suos sine exemplo charitas, in amicos liberalitas indefessa, inexhausta pietas in pauperes, affabilitas in omnes. (10) Hic vir tantus sic ut Flacci verbo utar, "ad unguem factus homo," eaque oris ac morum maiestate ut inter mille visu solo principem iudicares; cum me semel atque iterum vidisset, ita me conversationis et eloquentie sue laqueis cepit ut suprema solus in mei animi arce consideret, unde nec discessit unquam postea nec discedet. (11) Et erat tunc forte ad epyscopatum suum in Vasconiam iturus, ac nescius reor adhuc quid in me iuris haberet, quo iubere poterat, oravit ut sibi in eo itinere comes esse vellem, seu fide, quam tamen nosse nondum poterat, sed in fronte eam lynceus vir legebat, seu ingenio seu vulgari delectatus stylo meo, in quo tunc iuveniliter multus eram; parui atque ivi. (12) O tempus rabidum, fugax vita, quartus et quadragesimus annus est, nunquam puto letior estas fuit. (13) Reversus inde, me in familiaritatem perduxit reverendissimam fratris sui Ioannis supra morem cardinalium viri optimi atque innocentissimi, fratrumque omnium, ad extremum magnanimi senis patris Stephani, de quo ut de Carthagine ait Crispus, "silere melius puto quam parum dicere." (14) Quin hoc ipsum parce, obsecro, si me solum cogitans dum michi obsequor, tedio tibi sum. (15) Dulcis enim michi fuit amaritudo, Iacobum Colunnensem primum dominum meum, summum adolescentie mee decus in memoriam meam fando reducere, unde, ut dixi, nunquam certe digreditur, qui—heu nimium cito me—et non dico patris ac fratrum, qui omnes pene simul periere, sed amicorum omnium spem deseruit, cuius a morte directe, ut de Africano apud Tullium ait Cato, "tertius hic et trigesimus annus est"; sed si vel stylus meus aliquid virium haberet, vel fame hominum merita sequerentur, dicerem confidenter quod ibidem ait idem, "memoriam illius viri omnes excipient anni sequentes." (16) Sed iam satis vulnera mea doloresque refricui.

VI.1 Nunc ad Ciceronem redeo. (2) Itaque in aliquali fama ingenii (falsa licet), sed multo maxime favere cognitus talium dominorum, varias amicitias per diversa contraxeram, quod essem in loco ad quem fieret ex omni regione concursus. (3) Abeuntibus demum amicis, et ut fit petentibus numquid e patria sua vellem, respondebam nichil preter libros Ciceronis ante alios; dabam memorialia, scriptoque et verbis instabam. (4) Et quotiens putas preces, quotiens pecuniam misi, non per Italiam modo, ubi eram notior, sed per Gallias atque Germaniam et usque ad Hispanias atque Britanniam—dicam quod mireris, et in Greciam misi, et unde Ciceronem expectabam, habui Homerum, quique Grecus ad me venit, mea ope et impensa factus est Latinus, et nunc inter Latinos volens mecum habitat. (5) Et quid tibi vis? (6) "Labor omnia vincit improbus," inquit Maro. (7) Multo studio multaque cura, multa undique parva volumina recollegi, sed sepe multiplicata, eorum vero que maxime optabam raro aliquid, ita ut quod humanis in rebus crebro accidit, multa michi deforent, multa superfluerent. (8) Nondum sane sanctorum libros attigeram, et errore cecus et typo tumidus etatis. (9) Nil michi fere nisi unus Cicero sapiebat, precipue ex quo Quintiliani *Institutiones oratorias* legi, quarum quodam loco hec plane sententia est (nam et liber abest et verba non teneo): Bene de se speret, quisque erit, "cui valde Cicero placebit." (10) (Et hoc in eo libro dicit, in quo de eloquentia deque oratoribus agens, libero iudicio summi viri Annei Senece, tunc placentem omnibus, stylum damnat.) (11) Quo dicto magis ac magis in sententia tanto a stipulatore firmatus, si quando visendi desiderio, quod tunc sepe faciebam, in longinqua proficiscerer, visis forte eminus monasteriis veteribus, divertebam illico. (12) "Et quid scimus," inquam, "an hic aliquid eorum sit que cupio?" (13) Circa quintum et vigesimum vite annum, inter Belgas Helvetiosque festinans, cum Leodium pervenissem, audito quod esset ibi bona copia librorum, substiti comitesque detinui, donec unam Ciceronis orationem manu amici, alteram mea manu scripsi, quam postea per Italiam effudi; et, ut rideas, in tam bona civitate barbarica atramenti aliquid, et id croco simillimum, reperire magnus labor fuit.

VII.1 Et de libris quidem *Reipublice* iam desperans, librum *De consolatione* quesivi anxie, nec inveni; quesivi et librum *De laude philosophie*, quod et ipse libri titulus excitabat, et in libris Augustini quos iam legere ceperam, librum illum ad vite mutationem et ad studium veri multum sibi profuisse compereram; sic undique dignus videbatur qui diligentissime quereretur. (2) Enimvero hic negocii nichil esse credidi, statim enim affuit non liber sed falsa libri ipsius inscriptio, quod sciens narro, ne quando tibi, quod impossibile arbitror, idem qui michi illusit error obreperet. (3) Legebam, neque aliquid de eo quod titulus pollicebatur inveniebam stupebamque, et tarditati mee alienum errorem imputabam. (4) Demum cum legendo, cuius insatiabilem me natura facit, in libros Augustini, *De trinitate* divinum opus incidissem, inveni alligatum ibi librum non quidem quem habebam, sed quem habere credebam; et aliquid ibi de eo libro positum, quo nichil est dulcius, dirigui, et oblationem ratus experientie, die quodam fervidus librum legi totum intentissime. (5) Eius certe quod apud Augustinum erat penitus nichil inveni. (6) Puduit errasse tamdiu, et remansi certus librum illum non esse *De laude philosophie*, sed quisnam esset incertus; esse autem Ciceronis stylus inditio erat, fuit enim celestis viri illius eloquentia imitabilis nulli. (7) Post hec vero cum ultimo Neapoli venissem, Barbatus meus Sulmonensis, amicus optimus et tibi forsan saltem nomine cognitus, voti mei conscius, parvum Ciceronis librum michi donavit, cuius in fine principium solum erat *Libri academicorum*. (8) Quod ego perlegens, conferensque cum illis qui inscribuntur *De laude philosophie*, luce clarius deprehendi illos esse duos, tot enim sunt, tertium et quartum, vel secundum et tertium *Academicorum*, subtile opus magis quam necessarium aut utile. (9) Sic longevo errore liberatus sum.

VIII.1 Obtulerat casus michi iam antea venerabilis quemdam senem, cuius nomen, ut reor, adhuc in curia notum est, Raymundum Superantium, ad quem ante hos quadraginta annos scripta iuvenilis mea quedam nunc etiam extat epystola. (2) Ille copiosissimus librorum fuit, et ut iurisconsultus, in qua facultate pollebat, alia quidem cunta despiciens preter unum Titum Livium, quo mirum in modum delectabatur, sed historie insuetum, magnum licet ingenium herebat. (3) In eo studio me sibi utilem, ut dicebat, expertus tanto amore complexus est, ut patrem potius crederes quam amicum. (4) Ille michi et commodando libros et donando supra comunem modum facilis fuit. (5) Ab hoc habui et Varronis et Ciceronis aliqua, cuius unum volumen de comunibus fuit, sed inter ipsa comunia libri *De oratore* ac *De legibus* imperfecti, ut semper inveniuntur, et preterea singulares libri duo *De gloria*, quibus visis me ditissimum extimavi. (6) Longum est exequi, quos et qualiter et unde quesierim, preter unum volumen elegantissimum, cui par aliud invenire difficile, paternas inter res inventum, quod in delitiis pater habuerat, quodque non ideo evasit, quia illud michi executores testamentarii salvum vellent, sed quia, circa predam preciosioris ut putabant patrimonii occupati, ceu vile neglexerant. (7) In his omnibus novi nichil, ut dixi, preter illos *De gloria* libros duos et aliquot orationes aut epystolas, sed ego ne fortune frustra obniterer, ut viator sitiens inopi rivulo, quibus poteram comunibus me solabar. (8) At nonne ego sat mirus sum, mirandique materiam tibi do, qui rogatus historiam unam, narro alteram? (9) Postulas ut qualiter libros amiserim dicam, ego qualiter quesierim dico, ut cognito quantus fuerit querendi labor, quantus fuit perdendi dolor intelligas.

IX.1 Nunc quod petis expediam. (2) Fuit michi pene ab infantia magister, qui me primas literas doceret; sub hoc postea gramaticam et rethoricam audivi, utriusque enim professor ac preceptor fuit, cui parem ego non novi, quo ad theoricam loquor, quod ad practicam attinet, non ita prorsus Horatiane cotis in morem, que ferrum novit acuere, non secare. (3) Hic sexaginta totos, ut fama erat, annos scolar rexit, et quot scolares tanto in tempore vir famosus habuerit cogitari facilius quam dici potest. (4) In quibus magni viri multi et scientia et statu et legum scilicet professores et sacrarum magistri literarum, et preterea epyscopi et abbates, et ultimum cardinalis unus, cui ego puer patris intuitu charus fui, vir non statu maior ac fortuna, cum esset Ostiensis epyscopus, quam prudentia et literis; et preceptor ille quidem meus, incredibile dictu, inter tot magnos me minimum omnium predilexit—hoc notum erat omnibus. (5) Nec ipse dissimulabat, unde alme memorie Ioannes de Colunna cuius supra memini cardinalis, quotiens iocari secum volebat, seniculi enim simplicissimi et gramatici optimi delectabatur alloquio, ad se venientem ita precontari solebat, "Dic, magister, tot inter discipulos tuos magnos, quos ut scio diligis, estne aliquis Francisco nostro locus?" (6) Ille confestim lachrymis obortis aut tacebat aut interdum abscedebat, aut si loqui posset, persancte iurabat, nullum tantum se ex omnibus dilexisse. (7) Hunc talem homunculum pater meus, dum vixit, liberaliter satis adiuvit, invaserant enim eum pauperies ac senectus, comites importune ac difficiles. (8) Post obitum patris omnem in me spem posuerat. (9) Ego autem impar licet, me illi tamen et fide et obsequio obligatum sentiens, aderam omni ope qua poteram, ut deficiente pecunia, quod crebrum erat, egestatem suam apud amicos, nunc fideiussione, nunc precibus, apud feneratorem vero pignoribus sublevarem. (10) Milies in hunc usum libros et res alias asportavit et retulit, donec fidem expulit paupertas. (11) Graviore siquidem pressus inopia, duo illa Ciceronis volumina, unum patris, alterum amici, librosque alios me tradente abstulit, pretendens necessarios sibi in opere suo quodam, quotidie enim libros inchoabat mirabilium inscriptionum, et prohemio consummato, quod in libro primum in inventione ultimum esse solet, ad opus aliud fantasiam instabilem transferebat. (12) Quid te ad vesperam verbis traho? (13) Cum inciperet suspecta esse dilatio, quod non egestati, sed studio concessi libri erant, cepi altius exquirere quid de eis actum esset et ut pigneratos comperi, penes quem essent indicari michi petii, ut facultas fieret luendi eos. (14) Ille, et pudoris plenus et lachrymarum, negavit se id esse facturum, quod turpe nimis esset sibi; si quod ipse deberet alter faceret, expectarem paululum quod suum erat cito se facturum. (15) Obtuli in hanc rem pecunie quantum vellet, et hoc respuit, orans ne sibi hanc infamiam inurerem. (16) Ego, etsi nichil dicto fiderem, nolens tamen quem amabam contristare, subticui. (17) Ipse interim paupertate pulsus in Tusciam ivit, unde sibi erat origo; me tunc ad fontem Sorgie mea Transalpina in solitudine latitante, ut solebam, nec prius eum abiisse quam obiisse cognovi, oratus a civibus suis qui ad sepulturam illum sero quidem laureatum tulerant, ut memorie eius honorificum aliquod epigramma componerem. (18) Nec deinceps ulla unquam diligentia vel minimum amisi Ciceronis inditium, nam de aliis non curassem; invenire quivi. (19) Ita simul et libros perdidi et magistrum. (20) Habes en historiam quam petisti, longiusculam fateor, sed dulce michi fuit, et veterum recordari et novo cum amico diu colloqui, quem ignotum et sui ipsius epystole commendant et testimonium viri illius cui omnia crederem. (21) Sentio autem nunc quam honestum esset propter additiones et lituras hanc rescribere, sed occupationi ac fatigationi mee tua parcat urbanitas, et quecumque oculos laedunt ceu totidem signa familiaritatis aspiciat. (22) Vale.

Arquade, V. Kalendas Maias

SENILIUM LIBER OCTAVUSDECIMUS
EPYSTOLA I
POSTERITATI

I.1 Fuerit tibi forsan de me aliquid auditum, quanquam et hoc dubium sit, an exiguum et obscurum longe nomen seu locorum seu temporum perventurum sit. (2) Et illud forsitan optabis nosse, quid hominis fuerim aut quis operum exitus meorum, eorum maxime quorum ad te fama pervenerit vel quorum tenue nomen audieris. (3) Et de primo quidem varie erunt hominum voces, ita enim ferme quisque loquitur, ut impellit non veritas sed voluptas, nec laudis nec infamie modus est. (4) Vestro de grege unus fui autem, mortalis homuncio, nec magne admodum nec vilis originis, familia—ut de se ait Augustus Cesar—antiqua, natura quidem non iniquo neque inverecundo animo, nisi ei consuetudo contagiosa nocuisset. (5) Adolescentia me fefellit, iuventa corripuit, senecta autem correxit experimentoque perdocuit verum illud quod diu ante perlegeram, quoniam adolescentia et voluptas vana sunt, imo etatum omnium temporumque Conditor, qui miseros mortales de nichilo tumidos aberrare sinit interdum, ut peccatorum suorum vel sero memores sese agnoscant. (6) Corpus iuveni non magnarum virium sed multe dexteritatis obtigerat. (7) Forma non glorior excellenti, sed que placere viridioribus annis posset: colore vivido inter candidum et subnigrum, vivacibus oculis et visu per longum tempus acerrimo, qui preter spem supra sexagesimum etatis annum me destituit, ut indignanti michi ad ocularium confugiendum esset auxilium. (8) Tota etate sanissimum corpus senectus invasit, et solita morborum acie circumvenit.

II.1 Divitiarum contemptor eximius, non quod divitias non optarem, sed labores curasque oderam, opum comites inseparabiles. (2) Nota, ut ista cura esset, lautarum facultas epularum; ego autem tenui victu et cibis vulgaribus vitam egi letius, quam cum exquisitissimis dapibus omnes Apicii successores. (3) Convivia que dicuntur, cum sint comessationes modestie et bonis moribus inimice, semper michi displicuerunt; laboriosum et inutile ratus sum ad hunc finem vocare alios, nec minus ab aliis vocari, convivari autem cum amicis adeo iocundum, ut eorum superventu nil gratius habuerim, nec unquam volens sine sotio cibum sumpserim. (4) Nichil michi magis quam pompa displicuit, non solum quia mala et humilitati contraria, sed quia difficilis et quieti adversa est.

III.1 Amore acerrimo sed unico et honesto in adolescentia laboravi, et diutius laborassem, nisi iam tepescentem ignem mors acerba sed utilis extinxisset. (2) Libidinum me prorsus expertem dicere posse optarem quidem, sed si dicam, mentiar. (3) Hoc secure dixerim: me, quanquam fervore etatis et complexionis ad id raptum, vilitatem illam tamen semper animo execratum. (4) Mox vero ad quadragesimum etatis annum appropinquans, dum adhuc et caloris satis esset et virium, non solum factum illud obscenum, sed eius memoriam omnem sic abieci, quasi nunquam feminam aspexissem, quod inter primas felicitates meas numero, Deo gratias agens, qui me adhuc integrum et vigentem tam vili et michi semper odioso servitio liberavit. (5) Sed ad alia procedo.

IV.1 Sensi superbiam in aliis, non in me, et cum parvus fuerim, semper minor iudicio meo fui. (2) Ira mea michi persepe nocuit, aliis nunquam; intrepide glorior—quia scio me verum loqui—indignantissimi animi, sed offensarum obliviosissimi, beneficiorum permemoris. (3) Amicitiarum appetentissimus honestarum et fidelissimus cultor fui—sed hoc est supplicium senescentium, ut suorum sepissime mortes fleant. (4) Principum atque regum familiaritatibus ac nobilium amicitiis usque ad invidiam fortunatus fui. (5) Multos tamen eorum, quos valde amabam, effugi; tantum fuit michi insitus amor libertatis, ut cuius vel nomen ipsum illi esse contrarium videretur, omni studio declinarem. (6) Maximi reges mee etatis et amarunt et voluerunt me—cur autem nescio; ipsi viderint. (7) Et ita cum quibusdam fui, ut ipsi quodammodo mecum essent, et eminentia eorum nullum tedium, commoda multa perceperim.

V.1 Ingenio fui equo potius quam acuto, ad omne bonum et salubre studium apto, sed ad moralem precipue philosophiam et ad poeticam prono, quam ipse processu temporis neglexi, sacris literis delectatus, in quibus sensi dulcedinem abditam, quam aliquando contempseram, poeticis literis non nisi ad ornatum reservatis. (2) Incubui unice, inter multa, ad notitiam vetustatis, quoniam michi semper etas ista displicuit, ut, nisi me amor carorum in diversum traheret, qualibet etate natus esse semper optaverim, et hanc oblivisci, nisus animo me aliis semper inserere. (3) Historicis itaque delectatus sum, non minus tamen offensus eorum discordia, secutus in dubio quo me vel veri similitudo rerum vel scribentium traxit autoritas. (4) Eloquio, ut quidam dixerunt, claro ac potenti; ut michi visum est, fragili et obscuro. (5) Neque vero in comuni sermone cum amicis aut cum familiaribus eloquentie unquam cura me attigit; mirorque eam curam Augustum Cesarem suscepisse. (6) Ubi autem res ipsa vel locus vel auditor aliter poscere visus est, paulo annisus sum, idque quam efficaciter, nescio; eorum sit iudicium coram quibus dixi. (7) Ego, modo bene vixissem, qualiter dixissem parvi facerem; ventosa gloria est de solo verborum splendore famam querere.

VI.1 Honestis parentibus, Florentinis origine, fortuna mediocri et—ut verum fatear—ad inopiam vergente, sed patria pulsis, Aretii in exilio natus sum, anno huius etatis ultime que a Christo incipit MCCCIV, die lune ad auroram [XIII] kalendas Augusti. (2) Tempus meum sic vel fortuna vel voluntas mea nunc usque partita est. (3) Primum illum vite annum neque integrum Aretii egi, ubi in lucem natura me protulerat; sex sequentes Ancise, paterno in rure supra Florentiam quattuordecim passuum milibus, revocata ab exilio genitrice; octavum Pisis, nonum ac deinceps in Gallia Transalpina, ad levam Rhodani ripam—Avinio urbi nomen—ubi Romanus pontifex turpi in exilio Christi tenet ecclesiam et tenuit diu, licet ante paucos annos Urbanus quintus eam reduxisse videretur in suam sedem. (4) Sed res, ut patet, in nichilum rediit, ipso—quod gravius fero—tunc etiam superstite et quasi boni operis penitente. (5) Qui si modicum plus vixisset, hauddubie sensisset quid michi de eius abitu videretur; iam calamus erat in manibus, sed ipse confestim gloriosum principium ipsum cum vita destituit. (6) Infelix! (7) Quam feliciter ante Petri aram mori et in domo propria potuisset, sive enim successores eius in sua sede mansissent, et ipse boni operis auctor erat, sive abiissent, et tanto ipsius clarior virtus, quanto illorum culpa conspectior. (8) Sed hec longior atque incidens est querela.

VII.1 Ibi igitur, ventosissimi amnis ad ripam, pueritiam sub parentibus, ac deinde sub vanitatibus meis adolescentiam totam egi. (2) Non tamen sine magnis digressionibus, namque hoc tempore Carpentoras, civitas parva et illi ad orientem proxima, quadriennio integro me habuit, inque his duabus aliquantulum gramatice, dyaletice, ac rethorice, quantum etas potuit, didici—quantum scilicet in scolis disci solet, quod quantulum sit, carissime lector, intelligis. (3) Inde ad Montem Pessulanum legum ad studium profectus, quadriennium ibi alterum; inde Bononiam, et ibi triennium expendi et totum iuris civilis corpus audivi, futurus magni provectus adolescens, ut multi opinabantur, si cepto insisterem. (4) Ego vero studium illud omne destitui, mox ut me parentum cura destituit, non quia legum michi non placeret autoritas, que absque dubio magna est et Romane antiquitatis plena, qua delector, sed quia earum usus nequitia hominum depravatur. (5) Itaque piguit perdiscere quo inhoneste uti nollem, et honeste vix possem, et si vellem, puritas inscitie tribuenda esset.

VIII.1 Itaque secundum et vigesimum annum agens domum redii (domum voco Avinionense illud exilium, ubi ab infantie mee fine fueram, habet enim consuetudo proximam vim nature). (2) Ibi ergo iam nosci ego et familiaritas mea a magnis viris expeti ceperat—cur autem nescire nunc me fateor et mirari, tunc equidem non mirabar, ut qui michi, more etatis, omni honore dignissimus viderer. (3) Ante alios expetitus fui a Columnensium clara et generosa familia, que tunc Romanam curiam frequentabat, dicam melius illustrabat. (4) A quibus acceptus, et michi nescio an et nunc, sed tunc certe indebito in honore habitus, ab illustri et incomparabili viro Iacobo de Columna, Lomberiensi tunc epyscopo, cui nescio an parem viderim seu visurus sim, in Vasconiam ductus, sub collibus Pyreneis estatem prope celestem, multa et domini et comitum iucunditate, transegi, ut semper tempus illud memorando suspirem. (5) Inde rediens sub fratre eius Iohanne de Columna cardinali, multos per annos, non quasi sub domino sed sub patre, imo ne id quidem, sed cum fratre amantissimo, imo mecum et propria mea in domo fui. (6) Quo tempore iuvenilis me impulit appetitus ut et Gallias et Germaniam peragrarem, et licet alie cause fingerentur ut profectionem meam meis maioribus approbarem, vera tamen causa erat multa videndi ardor ac studium. (7) In qua peregrinatione Parisius primum vidi, et delectatus sum inquirere quid verum quidve fabulosum de illa urbe narraretur. (8) Inde reversus, Romam adii, cuius videnda desiderio ab infantia ardebam; et huius familie magnanimum genitorem Stephanum de Columna, virum cuilibet antiquorum parem, ita colui atque ita sibi acceptus fui, ut inter me et quemlibet filiorum nil diceres interesse. (9) Qui viri excellentis amor et affectus usque ad vite eius extremum uno erga me semper tenore permansit, et in me nunc etiam vivit, neque unquam desinet nisi ego ante desiero.

IX.1 Inde etiam reversus, cum omnium sed in primis illius tediosissime urbis fastidium atque odium, naturaliter animo meo insitum, ferre non possem, diverticulum aliquod quasi portum querens, repperi vallem perexiguam sed solitariam atque amenam, que Clausa dicitur, quindecim passuum milibus ab Avinione distantem, ubi fontium rex omnium Sorgia oritur. (2) Captus loci dulcedine, libellos meos et meipsum illuc transtuli, cum iam quartum et trigesimum etatis annum post terga relinquerem. (3) Longa erit historia si pergam exequi quid ibi multos ac multos egerim per annos. (4) Hec est summa, quod quicquid fere opusculorum michi excidit, ibi vel actum vel ceptum vel conceptum est, que tam multa fuerunt, ut usque ad hanc etatem me exerceant ac fatigent, fuit enim michi ut corpus sic ingenium magis pollens dexteritate quam viribus, itaque multa michi facilia cogitatu, que executione difficilia pretermisi. (5) Hic michi ipsa locorum facies suggessit ut *Bucolicum carmen*, silvestre opus, aggrederer, et *Vite solitarie* libros duos ad Philippum, semper magnum virum sed parvum tunc epyscopum Cavallicensem, nunc magnum Sabinensem epyscopum cardinalem, qui michi iam solus omnium veterum superstes, non me "epyscopaliter," ut Ambrosius Augustinum, sed fraterne dilexit ac diligit. (6) Illis in montibus vaganti, sexta quadam feria maioris hebdomade, cogitatio incidit, et valida, ut de Scipione Africano illo primo, cuius nomen mirum inde a prima michi etate carum fuit, poeticum aliquid heroico carmine scriberem—sed subiecti de nomine, *Africe* nomen libro dedi, operi, nescio qua vel sua vel mea fortuna, dilecto multis antequam cognito—quod tunc magno ceptum impetu, variis mox distractus curis, intermisi.

X.1 Illis in locis moram trahenti—dictu mirabile—uno die et ab urbe Roma senatus et de Parisius cancellarii studii ad me litere pervenerunt, certatim me ille Romam, ille Parisius ad percipiendam lauream poeticam evocantes. (2) Quibus ego iuveniliter gloriabundus, et me dignum iudicans quo me dignum tanti viri iudicarent, nec meritum meum sed aliorum librans testimonia, parumper tamen hesitavi cui potius aurem darem. (3) Super quo consilium Iohannis de Columna cardinalis supranominati per literas expetii, erat enim adeo vicinus ut, cum sibi sero scripsissem, die altero ante horam tertiam responsum eius acciperem. (4) Cuius consilium secutus, Romane urbis autoritatem omnibus preferendam statui, et de petitione et de approbatione consilii eius mea duplex ad illum extat epystola. (5) Ivi ergo, et quamvis ego, more iuvenum, rerum mearum benignissimus iudex essem, erubui tamen de me ipso testimonium meum sequi, vel eorum a quibus evocabar, quod proculdubio non fecissent, nisi me dignum oblato honore iudicassent. (6) Unde Neapolim primum petere institui, et veni ad illum summum et regem et philosophum Robertum, non regno quam literis clariorem, quem unicum regem et scientie amicum et virtutis nostra etas habuit, ut ipse de me, quod sibi visum esset, censeret. (7) A quo qualiter visus, et cui quam acceptus fuerim, et ipse nunc miror et tu, si noveris, lector, puto mirabere. (8) Audita autem adventus mei causa, mirum in modum exhilaratus est, et iuvenilem cogitans fiduciam, et forsitan cogitans honorem, quem peterem, sua gloria non vacare, quod ego eum solum iudicem ydoneum e cuntis mortalibus elegissem. (9) Quid multa? (10) Post innumeras verborum collationes variis de rebus, ostensamque sibi *Africam* illam meam, qua usqueadeo delectatus est, ut eam sibi inscribi magno pro munere posceret—quod negare nec potui certe, nec volui—super eo tandem pro quo veneram certum michi deputavit diem, et a meridie ad vesperam me tenuit; et quoniam, crescente materia, breve tempus apparuit, duobus proximis diebus idem fecit. (11) Sic triduo excussa ignorantia mea, die tertio dignum laurea iudicavit. (12) Eam michi Neapoli offerebat et, ut assentirer, precibus etiam multis urgebat; vicit amor Rome venerandam tanti regis instantiam. (13) Itaque, inflexibile propositum meum cernens, literas michi et nuntios ad senatum Romanum dedit, quibus de me iudicium suum magno favore professus est. (14) Quod quidem tunc iudicium regium et multorum et meo in primis iudicio consonum fuit; hodie et ipsius et meum et omnium idem sentientium iudicium non probo; plus in eum valuit amor et etatis favor quam veri studium. (15) Veni tandem, et quamlibet indignus, tanto tamen fretus fisusque iudicio, summo cum gaudio Romanorum, qui illi solemnitati interesse potuerunt, lauream poeticam adhuc scolasticus rudis adeptus sum, de quibus etiam et carmine et soluta oratione epystole mee sunt. (16) Hec michi laurea scientie nichil, plurimum vero quesivit invidie, sed hec quoque historia longior est quam poscat hic locus.

XI.1 Inde ergo digressus Parmam veni et cum illis de Corrigia, viris in me liberalissimis atque optimis, sed inter se male concordibus, qui tunc urbem illam tali regimine gubernabant, quale nec ante in memoria hominum habuerat civitas illa, nec etate hac—ut auguror—habitura est, aliquantulum tempus peregi. (2) Et suscepti memor honoris, sollicitusque ne indigno collatus videretur, cum die quodam in montana conscendens forte trans Entiam amnem Reginis in finibus silvam que Plana dicitur adiissem, subito loci specie percussus, ad intermissam *Africam* stilum verti, et fervore animi qui sopitus videbatur excitato, scripsi aliquantulum die illo, post continuis diebus quotidie aliquid, donec Parmam rediens et repostam ac tranquillam nactus domum—que postea empta nunc etiam mea est—tanto ardore opus illud non magno in tempore ad exitum deduxi, ut ipse quoque nunc stupeam. (3) Inde reversus, ad fontem Sorgie et ad solitudinem transalpinum redii.

XII.1 Longum post tempus, viri optimi et cuius nescio an e numero dominorum quisquam similis sua etate vir fuerit—imo vero scio quod nullus—Iacobi de Carraria iunioris, fame preconio benivolentiam adeptus, nunciisque et literis usque trans Alpes quando ibi eram, et per Italiam ubicunque fui, multos per annos tantis precibus fatigatus sum et in suam solicitatus amicitiam, ut, quamvis de felicibus nil sperarem, decreverim tandem ipsum adire et videre, quid sibi hec et magni et ignoti viri tanta vellet instantia. (2) Itaque, sero quidem, diuque et Parme et Verone versatus, et ubique Deo gratias carus habitus multo amplius quam valerem, Patavum veni, ubi ab illo clarissime memorie viro non humane tantum, sed sicut in celum felices anime recipiuntur acceptus sum, tanto cum gaudio tamque inextimabili caritate ac pietate, ut, quia equare eam verbis posse non spero, silentio opprimenda sit. (3) Inter multa, sciens me clericalem vitam a pueritia tenuisse, ut me non sibi solum sed et patrie arctius astringeret, me canonicum Padue fieri fecit, et ad summam, si vita sibi longior fuisset, michi errorum et itinerum omnium finis erat. (4) Sed (heu!) nichil inter mortales diuturnum, et siquid dulce se obtulerit, amaro mox fine concluditur: biennio non integro eum michi et patrie et mundo, cum dimisisset, Deus abstulit, quo nec ego nec patria nec mundus—non me fallit amor—digni eramus. (5) Et licet filius sibi successerit, prudentissimus et clarissimus vir, qui per paterna vestigia me carum semper et honoratum habuit, ego tamen, illo amisso cum quo magis michi presertim de etate convenerat, redii rursus in Gallias, stare nescius, non tam desiderio visa milies revisendi, quam studio more egrorum loci mutatione tediis consulendi.

COMMENTARY

Familiares 4.1

Perhaps the most famous of Petrarca's letters, *Fam.* 4.1 was written to Dionigi da Borgo San Sepolcro, an Augustinian friar, learned theologian and astronomer. The letter is ostensibly dated 1336, but Billanovich has argued that it is fictitious and was composed in 1352 or early 1353, then inserted into the collection at this point. Obviously allegorical, the letter contrasts the ease with which P.'s pious brother ascends the mountain to the countless obstacles confronting the more worldly writer.

Opening

S. P. D.: *salutem plurimam dicit*, "wishes your well-being," i.e., "greets"; standard salutation in a Roman letter from antiquity.

Ventosum: "Windy"; Mt. Ventoux, a two thousand meter peak near P.'s home at Vaucluse, in southern France.

I.1

sola: with *cupiditate*, here almost = *tantum*.

videndi ... altitudinem: This use of gerund (*videndi*) with accusative object (*insignem ... altitudinem*) is generally avoided in classical Latin. *videndi* is genitive and depends on *cupiditate*.

I.2

Multis ... annis: ablative of time within which, to express a period when something failed to occur.

in animo fuerat: sc. *mihi*, "had been in (my) mind," i.e., "I had resolved upon."

locis < *loca*, "neighborhood, region."

nosti = *novisti*, perfect of *nosco*, "become acquainted with," thus in perfect "know."

fato ... versante, versatus sum: "with fate ... buffeting about, I have been buffeted about." P. did not like having the Papacy in Avignon, yet was unable to leave.

conspectus < *conspicio*.

in oculis est: "is in sight."

I.3

impetus: "inspiration"; subject of *Cepit*, < *capio*; sc. *me*.

tandem aliquando: "at last."

facere: here, "to carry through"; understood object *id* is antecedent of following relative clause.

precipue: "especially."

relegenti ... michi: "to me reading over, to me as I read over"; dative with *occurrerat*, "had presented itself."
apud Livium: "in Livy"; Liv. 40.21.2.
locus: here "passage."
Philippus: king of Macedon, son of Demetrius II, 238-179 B.C.
Macedonum < *Macedo*, "Macedonian."
bellum gessit [< *gero*]: "waged war."
Hemum: "Mt. Haemus." The peak is located in Thrace, but one cannot in fact see both seas from it.
Hadriaticum: "Adriatic Sea."
Euxinum: "Black Sea."
crediderat: takes dative *fame* ("he had believed the report") plus an accusative (*duo maria*) and infinitive (*videri*).
verone an falso: "whether truly or falsely"; *-ne ... an* introduces a question with two possible answers; *vero* and *falso* are adjectives used as adverbs.
satis ... habeo: "I consider insufficiently certain," i.e., "I don't know for sure."
quod: "because."
orbe: "country," i.e., "Italy."
semotus < *semoveo*, "remove"; sc. *est*.
scriptorum < *scriptor*, "writer."

I.4

Ne ... evolvam: "Not to list"; negative purpose clause.
cuntos = *cunctos*; sc. *scriptores*.
Pomponius Mela: Roman *cosmographus* ("one who describes the world") whose *De chorographia* (here cited: 2.17) dates to about 43 A.D.
sic esse: "is just so," i.e., "is true."
nichil: with adverbial force, modifying *hesitans*.
refert: "reports"; takes an implied accusative (the question of whether two seas could be seen from the summit) and infinitive (*esse*).

I.5

Michi: dative of possession.
tam ... quam: "so ... as"; correlatives.
prompta: "at hand, ready."
illius: Mt. Haemus.
esset ... sinerem: imperfect subjunctive in condition contrary to fact, present time.
huius: Mt. Ventoux.
fuit: indicative because it is not part of the condition.

I.6

Ceterum: "But."
illo omisso: "with that (i.e., Mt. Haemus) left aside"; ablative absolute.
veniam: present subjunctive in purpose clause.
quod ... carpitur: "what ... is censured"; subject of *visum est*.

II.1

sotio = *socio*.
cogitanti: sc. *mihi*, dependent on *videbatur*, "seemed."
mirum dictu: "strange to say"; *dictu* is ablative supine.
omni ex parte: "altogether."
ydoneus = *idoneus*, "suitable."

II.2

Hic: P. catalogues the character traits of his friends: "This one is too ..., that one too ...."
huius silentium: the first of a list of subjects for *terrebat* (sc. *me*).
pinguedo: "fatness."
imbecillitas: "weakness."
dehortabatur: "dissuaded."
que = *et haec*; connecting relative.
domi: locative.
charitas = *caritas*, "love, affection."
verum: "but."
in itinere: "on the road."

II.3

delicatus: "dainty, fastidious," an apt word for P.'s personality.
honesteque delectationis: "virtuous pleasure"; objective genitive with *appetens*.
amicitie lesione: "damage to our friendship."
tacitus: sc. *animus*, subject for *damnabat*. An adjective modifying the subject often has virtual adverbial force.
proposito itineri: dative with *molestum*.

II.5

domestica auxilia: "domestic aid, the aid available from my own family."
vertor: "I turn (myself)"; passive with middle sense.
germanoque meo unico: dative with *aperio*; Gherardo, a monk in the monastery of Montrieux, in southern France near the city of Toulon.
minori natu: "less in birth (i.e., age), younger."
nosti: See above, I.2.

II.6

gratulatus < *gratulor*, "give thanks."
quod ... teneat: subjunctive because the opinion is Gherardo's, not that of P. as writer.

III.1

digressi < *digredior*, "depart, set out."
domo < *domus*; ablative of separation.
Malaucenam: "Malaucene," a town near Vaucluse; accusative of place to which, without preposition.
ad vesperam: "towards evening."
versus in boream: "to the north."

III.2

unum diem: accusative of duration of time.
morati < *moror*, "linger, delay."
cum singulis famulis: "with separate servants."

III.3

Labor omnia vincit improbus: "unrelenting effort masters all"; Virgil, *G.* 1.145-46.

III.4

si qua sunt eiusmodi: "other things of this kind." After *si, num, nisi,* and *ne*, the indefinite pronoun *quis* is regularly used instead of *aliquis*.
euntibus < *eo, ire*; dative dependent on *aderant*, < *adsum*.
sola: See above, I.1.
nobis: dative dependent on o*bstabat*, < *obsto*, "obstruct."

III.5

exacte [< *exigo*, "complete"] **etatis**: "of completed age," i.e., "old"; genitive of quality.
inter convexa montis: "between the slopes of the mountains," i.e., "in the valley."
enixus est < *enitor*, "struggle."
ante annos quinquaginta: "fifty years earlier"; accusative of measure.
penitentiam: "regret."
vepribus < *vepres*, "thorn-bush."
auditum: sc. *esse*, perfect passive infinitive in indirect discourse dependent on *dicens*.
ausum < *audeo*, a semi-deponent whose perfect system has passive forms with active meanings.

III.6
illo vociferante: "while he (the shepherd) was shouting."
nobis: dative of personal interest.
ut: "as," with indicative verb.
monitoribus: "advisers"; dative dependent on *increduli*.

III.7
nequicquam = *nequiquam*, "in vain."
aliquantulum: "a little"; adverb.
progressus < *progredior*
iam digressis [< *digredior*]: sc. *nobis*.
a tergo: "from behind."

III.8
Dimisso ... si quid ... impedimento esset: "Leaving whatever was (for) a hindrance." *Dimisso* is a one-word ablative absolute, with *esset* an imperfect potential subjunctive and *impedimento* a predicative dative (or dative of purpose).
penes: "in the keeping of."
vestium ... rei cuiuspiam: partitive genitives with *quid*. For *si quid*, see above, III.4.
soli ... ascensui: dative dependent on *accingimur*, a middle usage.
alacresque: "and quickly"; adjective with adverbial force.

IV.1
fere: "usually."

IV.2
digressi: See above, III.1.
lentius: comparative adverb.
carpebam: Note the force of the imperfect for repeated action in the verbs of the next few lines.
compendiaria: "short."
mollior: "less vigorous, weaker."
revocantique ... designanti: sc. *fratri*; dative with *respondebam*.
rectius: comparative adjective.
planius: "more easily"; comparative adverb.
incederem: imperfect subjunctive in relative clause of purpose.

IV.3
ignavie: genitive dependent on *excusationem*.
pretendebam: "I was holding out as a pretext."
cum: here "although"; + imperfect subjunctives.

nichilo mitior: "gentler by nothing," i.e., "no easier"; ablative of measure of difference.
aliunde: "from some other direction."

IV.4

cum ... pigeret: "since it was causing regret"; *piget* takes accusative of the person who feels (sc. *me*, agreeing with *confectum*, < *conficio*, "weaken") and genitive of the cause (*perplexi ... erroris*); imperfect subjunctive in causal *cum* clause.
    penitus: "entirely," i.e., "without any more detours."
    disposui: "I resolved to"; a medieval construction.
    operientem = *opperientem*, "waiting."
    refectum < *reficio*, "revive."
    attigissem [< *attingo*]: pluperfect subjunctive in historical *cum* clause.
    incessimus < *incedo*, "proceed."

IV.5

    reliqueramus < *relinquo*.
    prioris anfractus: "former digression"; genitive dependent on *oblitus*, < *obliviscor*, "forget."
    deicior: "I rush down"; a middle usage.
    peragratis < *peragro*, "travel through."
    dum: governs indicative to show contemporaneous action.
    sector: "follow eagerly"; frequentative < *sequor*.

IV.6

    Differebam: "I was putting off." Note the force of the imperfect of endeavor.
    ascendendi: gerund.
    ingenio humano: ablative of means.
    tollitur ... potest: universal present tense.
    descendendo: gerund.
    perveniat: present subjunctive in indirect command after *fieri potest*.

IV.7

    Quid multa?: sc. *dicam*.

IV.8

    hoc: nominative; refers to P.'s failure to find an easier ascent.
    indignanti michi: dative governed by *contigit*, < *contingo*, "happen."
    ter aut amplius: "three or more times"; adverbial.

V.1
delusus < *deludo*, "mock, cheat."

V.2
incorporea: "bodiless," i.e., "things of the spirit."
his aut talibus ... verbis: "with these words, or words like them."
"Quod ... agere" (V.8): direct discourse, representing P.'s thoughts.
Quod ... expertus [< *experior*] **es**: relative clause whose antecedent follows.
scito < *scio*, future imperative.
tibi ... et multis accedentibus [< *accedo*, "approach"]: datives dependent on *accidere*.
facile: adverb.
perpendi: "is examined."
quod: causal, correlative with *idcirco*, "for that reason."
in aperto sunt: "are evident."
animorum: Repeat *motus sunt*.

V.3
arcta ... via: "narrow path"; Matthew 7:14, "Quam angusta porta, et arcta via est, quae ducit ad vitam."
illam: *vitam*.

V.4
de virtute in virtutem: "from (one) virtue to (another) virtue."
preclaris gradibus: ablative of means.
ambulandum est: "one must walk"; impersonal of the passive periphrastic, as is usual with intransitive verbs.
finis: nominative.
peregrinatio: "journey."

V.5
Eo: "to that point"; adverb.
Naso: the poet Ovid (Publius Ovidius Naso), 43 B.C. to 17 A.D.
Velle ... oportet: Ov., *Pont.* 3.1.35.
Velle: subject infinitive
cupias: *oportet* often takes a subjunctive (here in the present) complement without connective.
re potiaris: *potior*, "obtain," is regularly followed by the ablative. The verb is present subjunctive in a purpose clause.

V.6
te: accusative object of *fallis*, "deceive."
non solum ... sed etiam: "not only ... but also."

vis < *volo*, "be willing, wish."
cupis: "long for."

V.8

nichil aliud: sc. *retinet te*.
prima fronte: i.e., "at first sight."
expeditior: comparative < *expeditus*, "unimpeded, clear."
multum: adverb.
erraveris: future perfect indicative.
dilati < *differo*, "postpone."
oportet: takes three complements, *te ascendere, (te) segnem procumbere*, and *(te) agere*.
segnem: "slothful."
quod ominari horreo: relative clause whose antecedent is the entire phrase *si ... invenerint*.
ominari: "to predict."
tenebre ... mortis: v. Psalm 106:10, "Sedentes in tenebris et umbra mortis," and verse 14, "Et eduxit nos de tenebris et umbra mortis."
invenerint: future perfect.
eternam noctem ... agere: "spend an everlasting night."

V.9

michi: dative of personal interest.
incredibile dictu est: main clause governing indirect question (*Hec ... cogitatio ... quantum ... erexerit*) with verb in perfect subjunctive; *dictu* is ablative supine.

V.10

vel: "actually."
sic: correlative with *sicut*.
peragam: "pass through"; optative subjunctive, present tense.
cui: dative dependent on *suspiro*, "long for."
hodiernum: "of today."
corporeis pedibus: "with bodily feet"; ablative of means, to be contrasted with *animo* above.
peregi < *perago*.

V.11

At nescio annon: "Perhaps."
debeat: present subjunctive in indirect question.
quod: sc. *id*, "(that) which." The absorption of the correlative in a relative clause is common.
per: "by means of."

Familiares 4.1

locali motu: "change of place."
in ictu trepidantis oculi: "in a stroke of a flickering eye," i.e., "in the twinkling of an eye"; cf. I Corinthians 15:52, "in ictu oculi," and Augustine, *Confessions* 7.17.23, "trepidantis."
quam quod: "than (that) which"; second relative clause in a comparison introduced by *facilius*.
successu temporis: "in the advance of time."
moribundi et caduci: "subject to death and frail."
obsequium: "compliance."
gravi ... fasce: "heavy burden."
gerendum est: "must be done"; passive periphrastic.

VI.1

omnium supremus: "the highest of all"; partitive genitive.
silvestres: sc. *homines*, "rural folk."
"Filiolum": "Sonny boy"; diminutive.
nisi quod: "except that"; explanatory clause.
antifrasim = *antiphrasim*; expression by opposites, a form of irony, since the mountain actually seems to be the *pater* in size.
quedam alia dici: "certain other things are named."
videtur: "seems."

VI.2

conquievimus < *conquiesco*, "rest thoroughly."

VI.3

audiisti = *audivisti*.
ascendentis: sc. *mei*, "in (my) ascent."
ascenderint: perfect subjunctive, in indirect question. Note how the doubled verb (*ascendentis ... ascenderint*) hints at the thematic double ascent, both physical and spiritual.
pater: "father," because Dionigi is P.'s spiritual guide.
relegendis ... actibus: "to go over again the deeds"; gerundive.

VI.4

Primum omnium: "first of all"; partitive genitive with adverb.
spiritu quodam aeris insolito: "by a certain unaccustomed breath of air," i.e., "by the thin mountain air, to which I was unaccustomed"; ablative of cause, as below.
spectaculo liberiore: "unencumbered view."
stupenti: "struck senseless"; dative dependent on *similis*.
steti < *sto*.

VI.5

Respicio: "I look back and reflect on what I see." Both literal and figurative senses are present.

    michi: dative of reference.
    facti sunt < *fio*, "become."
    Athos: mountain at the end of the peninsula of Chalcidice in northeastern Greece.
    Olympus: mountain on the borders of Macedonia and Thessaly, the legendary home of the gods.
    dum ... conspicio: "while I gaze at."
    quod ... audieram et legeram: relative clause; sc. *id* as antecedent and object of *conspicio*.
    minoris [< *parvus*] **fame**: "of lesser renown."

VI.6

    oculorum radios: "beams of my eyes," i.e., "gaze."
    partes: "regions."
    quo: "where."
    rigentes: "frozen."
    ferus ... hostis: "uncivilized enemy," i.e., Hannibal.
    nominis: "power."
    transivit < *transeo*, "cross over."
    aceto: "with vinegar"; Liv. 21.37.2 describes how the Carthaginians used sour wine to help break a passageway through the rock.
    fame: dative dependent on *credimus*.
    iuxta: "close by"; adverb.
    michi: dative dependent on *vise sunt*, "seemed."
    magno ... intervallo: "at a great distance"; ablative of measure of difference.
    distent: present subjunctive in concessive *cum* clause.

VI.7

    Suspiravi: "I sighed, longed for."
    ad Italicum aerem: "for the Italian air," i.e., "for Italy."
    animo ... oculis: datives dependent on *apparentem*, "visible."
    inextimabilis = *inaestimabilis*, "incalculable."
    invasit < *invado*, "fall upon."
    revidendi: genitive dependent on *ardor*. On the gerund with accusative objects (*amicum, patriam*), see above, I.1.
    ita tamen ut ... increparem: "nevertheless, such that I rebuked"; imperfect subjunctive in result clause.
    nondum virilis affectus: "of a not yet manly disposition."

quamvis ... non deforet [=*deesset*, < *desum*]: "although ... was not lacking"; imperfect subjunctive with *quamvis*, a regular construction.
    excusatio: "defense," modified by *fulta*, < *fulcio*, "support, uphold."
    utrobique: "on both sides."
    testium: "witnesses," i.e., "literary sources."
    presidio: "defense, support"; ablative with *fulta*.

VII.1
traduxit [< *traduco*]: Repeat *animum*, "drew my mind."

VII.2
"**Hodie ... conseritur**" (VII.10): direct discourse, in which P. addresses himself in his thoughts.
    decimus annus completur: "the tenth year is fulfilled," i.e., "it has been ten years."
    puerilibus studiis dimissis [< *dimitto*]: "with youthful studies laid aside."
    Bononia: "from Bologna"; ablative of place from which, used without a preposition in names of towns.
    excessisti < *excedo*, "leave."
    quot: "how many"; indeclinable adjective.
    hoc medium tempus: "this middle time," i.e., "the intervening ten years."

VII.3
    Infinita: "countless things."
    pretereo: "I do not mention."
    in portu ... procellarum: a common metaphor, with life as a sea voyage.
    securus: adjective with adverbial force.
    preteritarum [< *praetereo*, here "go by"] **... procellarum**: genitive dependent on *meminerim*, "I remember" (perfect with present sense); perfect subjunctive in result clause.

VII.4
    gesta sunt < *gero*, "carry out."
    universa: "all things together."
    percurram: "I shall run over (in my mind)"; future indicative.
    prefatus < *praefor*, "say beforehand."
    illud: sc. *dictum*, "that (saying)."
    Augustini tui: "of your Augustine"; *tui* emphasizes P.'s special fondness for Augustine (see the *Secretum*).
    '**Recordari ... meus**': Augustine, *Confessions* 2.1.1.
    transactas < *transigo*, "finish"; here, "past and over with."

carnales: "of the flesh, worldly."
amem: present subjunctive in causal *quod* clause of the rejected reason.
ut amem: present subjunctive in purpose clause.

VII.5
Michi: dative dependent on *superest*, "is left over for."
multum ... ambigui molestique negotii: "much uncertain and troublesome difficulty"; partitive genitive.

VII.6
Quod ... solebam: relative clause with implied antecedent *id*, the object of *non amo*.

VII.7
parcius: "too sparingly," here "with too little enthusiasm"; comparative adverb.

VII.8
mentitus < *mentior*, "deceive."
verecundius: "too modestly, shyly"; a provocative word emphasizing how passionately one should love God.
verum: substantive object of *dixi*, "I have told the truth."

VII.9
amo: sc. *id*, antecedent for the two following relative clauses (*quod ... amem, quod ... cupiam*); both verbs are present potential subjunctives; GL.627.
odisse < *odi*, "hate"; perfect stem with present force.
coactus < *cogo*, "compel."
versiculi: "little line"; diminutive of *versus*.
famosissimi: "well known." The force of the superlative should not be rendered in English.
Odero ... amabo: Ov., *Am.* 3.2.35. *odero* < *odi*; future perfect with future force.
invitus: "unwillingly"; adjective with adverbial force.

VII.10
effluxit < *effluo*, "pass away."
voluntas: "inclination, will."
nequam: "bad, worthless"; indeclinable adjective.
totum: "completely"; adjective with adverbial force.
in aula cordis mei: "in the court of my heart." Note the political metaphor that shapes the next few lines (*regnabat, rebellem*).

sola: "alone," i.e., "without a rival"; nominative.
contradictore: "opponent."
cepit = *coepit*.
aliam habere rebellem: sc. *voluntatem*, "experience another insurgent (inclination)."
reluctantem [< *reluctor*] **sibi**: "struggling against it"; *sibi* is reflexive, referring back to *voluntas*.
in campis cogitationum mearum: "on the battlefields of my thoughts." Note the military metaphor carried through to the end of the sentence.
utriusque hominis: "of each man," i.e., "of the man torn between good and evil"; cf. Romans 7:13-25.
pugna conseritur: "battle is joined."

VII.11

exactum [< *exigo*] **decennium**: "the completed ten years," i.e., "the past ten years."
cogitatione volvebar: "I was going through in (my) mind"; a middle usage.

VII.12

anteriora: "the future."
"si ... negligere" [= *neglegere*]: direct discourse, with P. again addressing himself in his thoughts.
si ... contingeret: "if it should happen"; verb construed with dative (*tibi*) plus infinitive (*producere, accedere*); imperfect subjunctive in protasis of future less vivid condition, from past perspective.
per alia duo lustra: "through another two five-year periods," i.e., "for another decade."
volatilem: "fleeting, transitory."
producere: "to prolong, continue."
tantum ... quantum: "so much ... as"; correlatives.
pro rata: "according to a fixed proportion."
ad virtutem accedere: "to approach virtue."
hoc biennio: "in this two-year period"; ablative of time within which.
congressum: "meeting," here "battle."
obstinatione: "resolution."
recessisti < *recedo*, "withdraw"; indicative statement of fact, not part of the condition.
nonne: anticipates the answer "yes."
posses: imperfect subjunctive, apodosis of future less vivid condition from past perspective begun in *si ... contingeret*.
quadragesimo etatis anno: "in the fortieth year of life," i.e., "at age forty."
mortem oppetere: "encounter death," i.e., "die."

illud residuum vite ... abeuntis [< *abeo*]: "that remainder of life ... passing away"; partitive genitive.
equa mente: "with contented disposition"; ablative of manner.

VIII.1
his: dative dependent on *similes*.
recursabant: frequentative < *recurro*, "return."

VIII.2
provectu: "progress."
imperfectum meum: "my imperfection"; neuter adjective used as substantive.
humanorum actuum: "of human activities"; genitive dependent on *comunem* (= *communem*).
quem in locum: "into what place," i.e., "where."
quam ob causam: "for what reason," i.e., "why."
venissem: pluperfect subjunctive in indirect question.
quodammodo: "in a certain measure"; adverb.
videbar: "seemed."
oblitus < *obliviscor*, "lose sight of"; sc. *esse*.
donec ... respicerem et viderem: temporal sentence ("until") with imperfect subjunctive used (as often in P.) to express subordination.
ut ... esset: imperfect subjunctive in causal relative clause, indicated by prefixed *ut*; *GL*.633.
omissis curis: "with my anxieties laid aside."
quibus: dative dependent on *oportunior* = *opportunior*, "more suitable."
alter: "another."
que: implied antecedent is *ea*, object of *viderem*.
visurus < *video*, future active participle, here with suggestion of purpose ("intending to see").
instare ... tempus: "time presses upon (us)"; accusative/infinitive construction after *admonitus*, < *admoneo* and *expergefactus*, < *expergefacio*, "waken."
abeundi: "for departing"; gerund.
inclinaret ... et ... excresceret: imperfect subjunctives in subordinate clause in *oratio obliqua*.
velut: "as though"; P. had not literally fallen asleep.
in tergum: "backwards."
ad occidentem: "toward the setting sun."

VIII.3
Limes: "Border."
Galliarum: "France."

Hispanie: "Spain."
Pyreneus vertex: "the summit of the Pyrenees."
quem sciam: present subjunctive in relative clause with indefinite antecedent.
obicis: "obstacle."
mortalis visus: "of human sight"; genitive.
Lugdunensis: "of Lyons"; adjective in genitive case.
ad dexteram: "to the right."
ad levam: "to the left."
Massilie: "of Marseilles."
Aquas Mortes: "Aigues-Mortes," a once flourishing seaport left "dead" when the "waters" withdrew and the coastline changed.
verberat: "beat, struck."
aliquot: "several"; indeclinable number modifying *dierum*.
spatio: "at a distance"; ablative of measure of difference, dependent on *distantia*, a present active participle agreeing with the two bodies of water (*freta*) just described.
preclarissime: "very clearly"; superlative adverb.
Rhodanus: "Rhone river."

IX.1

dum: "while."
singula: "these things, one at a time."
nunc ... nunc: "at one time ... at another"; correlatives.
saperem < *sapio*, "consider."
ad altiora: "to higher things," i.e., "to spiritual matters."
visum est: "it seemed good"; takes dative (*michi*) and infinitive (*inspicere*, "to look into").
charitatis: "love."
munus: in apposition to *librum*.
et ... et: "both ... and"; correlatives.
conditoris: "author."

IX.2

Pugillare: "that can be grasped with the fist."
opusculum: "little work"; diminutive of *opus*.
perexigui voluminis ... infinite dulcedinis: genitive of quality.
aperio: "I opened"; historic present, setting up secondary sequence of tenses.
lecturus [< *lego*]: "intending to read," a future participle suggesting intent. See above, VIII.2.
occurreret: "presented itself"; imperfect subjunctive in relative clause with indefinite antecedent.
devotum: "holy."

posset: imperfect subjunctive in rhetorical question.

IX.3
oblatus est [< *offero*]: "offered itself"; a middle usage.

IX.4
audire: infinitive dependent on *expectans* (= *exspectans*), with object *aliquid*.
intentis: "anxious, attentive."

IX.5
testor: "I call to witness."
ipsum: Gherardo.
aderat < *adsum*, "be present."
quod: introduces relative clause whose implied antecedent (*id*) is object of *testor*.
primum: "first"; adverb.
defixi [< *defigo*] **oculos**: "I fixed my eyes."
"Et ... ipsos": *Confessions* 10.8.15.
eunt < *eo*, "go, travel."
admirari: "wonder at." The infinitive to express purpose is not regular classical usage.
lapsus: "glidings."
ambitum: "circuit."
giros = *gyros*, "orbits, circuits."

IX.6
Obstupui < *obstupesco*, "be astounded."
audiendi: gerund; genitive dependent on *avidum*.
rogans: "asking as a favor." The person asked is in the accusative (*fratrem*) and the favor is expressed in an indirect command (*ne ... esset*) with imperfect subjunctive.
michi: dative dependent on *molestus*, "troublesome, annoying."
clausi < *claudo*, "close."
michimet: *michi* + enclitic *-met*, with emphatic force; dative dependent on *iratus*.
nunc etiam: "even in these circumstances."
mirarer: imperfect subjunctive in causal *quod* clause where speaker in effect is quoting himself, as *oratio obliqua*.
qui ... debuissem: "although I ought to have"; pluperfect subjunctive in relative clause with concessive sense.
gentium: "pagans."

cui magno nichil est magnum: "for which in its greatness nothing is great"; dative of reference.

X.1

contentus: followed by infinitive (*vidisse*).
interiores oculos: "my inner gaze," i.e., "my mind's eye."
reflexi < *reflecto*, "turn back."
ex illa hora: "from that time."
non fuit: "there was no one," followed by relative clause of characteristic (*qui ... audiret*), requiring imperfect subjunctive.
donec: "until"; introduces a temporal clause in the indicative.
ima: "the lowest (places)," i.e., "the bottom of the mountain"; superlative < *inferus*, "lower."

X.2

Satis ... attulerat [< *adfero*, "bring to"]: "that saying (of Augustine's) had brought to me enough silent occupation," i.e., "kept me busy with my own concerns"; *attulerat* takes dative (*michi*) and accusative (*satis*, + partitive genitive *taciti negotii*).
fortuito: "by chance"; adverb.
quidquid ... legeram: "whatever I had read"; subject of *dictum* (*esse*).
rebar < *reor*, "think."
recolens: "recalling."
quod ... suspicatus [< *suspicor*] ... **esset**: *quod* + subjunctive for indirect statement is frequent in later Latin; *GL*.525,N.7.
idem: "the same thing"; neuter singular accusative.
in lectione: "while reading."
Codicis Apostolici: "the Apostolic book," i.e., "Paul's epistle."
ut ipse refert: "as he himself writes," in *Confessions* 8.12.29, where the story of St. Anthony repeated in (3) below is also told.
primum: "at first"; adverb.
sibi: dative dependent on *occurrit*, "presented itself."
"Non ... vestris": Romans 13:13-14.
comessationibus: "feasting."
cubilibus: "beds," i.e., "lusts."
induite: "put on, clothe yourself in."
carnis [< *caro*] **providentiam**: "provision for the flesh," i.e., "for the needs of the body."
ne feceritis [< *facio*]: negative command with *ne* and perfect subjunctive.
concupiscentiis: "concupiscences, lusts."

X.3

Quod: "And this (same thing)"; connecting relative.

iam ante: "already before"; adverbial.
Antonio: dative dependent on *acciderat*, "had happened"; St. Anthony of Egypt, 250-356 A.D., a primitive hermit whose life and teachings influenced eastern monasticism.
"si ... celis": Matthew 19:21.
vis < *volo*.
sequere: singular imperative < *sequor*, "follow."
in celis: "in Heaven."
"veluti ... recitata" and **"ad se ... imperium"**: Athanasius, *Vita Antonii* II (trans. Evagrius, *Patrologia latina* 73, col. 127).
veluti: "as if"; introduces a conditional comparison in the subjunctive.
scriptura: here, "passage."
rerum: "affairs," here "biography."
dominicum: "the Lord's."
traxit < *traho*, "draw, attract."

X.4

sicut ... sicut ... sic: "just as ... just as ... so"; correlatives.
quesivit < *quaero*, "ask for."
ulterius [< *ulter*]: "farther"; comparative adverb.
processit < *procedo*, "go on," here "read further."
premisi < *praemitto*, "mention before."
cogitanti: "turning over in my mind"; agrees with *michi*, a dative of possession.
quanta ... esset: indirect question, with verb (*esset*) in imperfect subjunctive.
mortalibus: dative of possession.
consilii: genitive dependent on *inopia*.
qui: introduces a causal relative clause with verbs (*diffundantur*, "scatter themselves," a middle usage, and *evanescant*, "pass away") in universal present tense.
sui: "of the self"; partitive genitive.
in plurima [< *multus*]: "into very many things," i.e., "every which way."
in inanibus spectaculis: "in vain spectacles."
quod ... poterat: sc. *id* (object of *querentes*) as antecedent.
intus: "inside (oneself)"; contrast with *extrinsecus*.
admirantique: "wondering at"; agrees with *michi* above.
nobilitatem: "excellence."
nisi ... aberrasset [=*aberravisset*] **... convertisset**: pluperfect subjunctives in protasis of condition contrary to fact from past perspective.
sponte: "of one's own accord"; adverb.
degenerans: "becoming unlike his kind."

in honorem: "as a mark of honor."
in opprobrium: "into cause for disgrace."

X.5

putas: "do you suppose"; parenthetical.
rediens < *redeo*, "turn back."
in tergum versus: "having turned back."
aspexi < *aspicio*, "look toward."
unius cubiti: "cubit"; distance equal to length of forearm from elbow to tip of middle finger, about 18 inches; genitive of quality.
altitudo: "height," here literally.
visa est: "appeared."
pre: "in comparison with."
altitudine: "sublimity"; here used figuratively.
immergeret: imperfect subjunctive in negative protasis of a condition contrary to fact in present time.

X.6

per singulos passus: "at every step."
occurrebat: "entered my thoughts."
tantum sudoris ac laboris: object of *subire* < *subeo*, "take upon oneself."
celo: "heaven"; dative dependent on *proximius*, "nearer," a comparative adverb built on the stem of the superlative.
fieret: imperfect subjunctive in result clause.
piguit: "caused annoyance"; subject is subire.
equuleus = *eculeus*, "rack, instrument of torture."
deberet: imperfect deliberative subjunctive.
appropinquantem: "drawing near"; takes dative (*Deo*).
turgidum: "swollen, puffed up."
calcantem: "tramping underfoot"; agrees with *animum* and has two objects, *cacumen* and *mortalia fata*.

X.7

hoc: repeat *per singulos passus occurrebat*, parallel to preceding sentence.
Quoto cuique: "to one of how many," i.e., "how rarely."
accidet: "will it happen"; + a result clause with present subjunctive verb (*ut ... divertat*).
durarum metu rerum: "fear of difficult circumstances"; ablative of cause followed by objective genitive.
mollium cupidine: "longing for ease."

X.8

nimium: "very much."
Felix ... avari: Virgil, *G.* 2.490-92.
rerum cognoscere causas: "learn explanations for reality," i.e., "why things are as they are."
metus ... fatum ... strepitum: objects of *subiecit* [< *subicio*] *pedibus* [< *pes*], "place underfoot," i.e., "conquer."
mortis: an unusual textual variant, since most manuscripts read *omnis*.
inexorabile: "not to be dissuaded."
strepitum: "loud noise," here "cries of the dead."
Acherontis: a river in the underworld, here standing for the underworld as a whole.
avari: "greedy" (for more souls).

X.9

quanto studio: "with how much zeal"; ablative of manner.
elaborandum esset: "should one strive"; impersonal passive periphrastic of intransitive verb; potential subjunctive of the past, an imperfect.
altiorem terram: "a higher piece of land," i.e., "a higher mountain."
elatos [< *effero*] **terrenis impulsibus**: "puffed up by earthly incitements."
sub pedibus: "in our power."
haberemus: imperfect subjunctive in purpose clause.

XI.1

undosi pectoris motus: "passions of a surging soul."
sensu: here "perception."
scrupulosi: "stony, rough."
hospitiolum: diminutive of *hospitium*, "guest quarters."
ante lucem: "before daybreak."
moveram: "I had departed."
profunda nocte: "in darkness."
pernox: "all night."
obsequium: "service."
euntibus: "to the ones in motion," i.e., "the travellers."

XI.2

dum ... exercet: "while ... keeps busy"; simple temporal clause requiring indicative verb.
apparande cene studium: "the effort of preparing dinner"; *apparande* is genitive of the gerundive.
abditam < *abdo*, "withdraw, hide."

Familiares 4.1   51

    perrexi < *pergo*, "proceed."
    hec: object of *scripturus*, future participle used here to express intention.
    ex tempore: "on the spur of the moment."
    si distulissem [< *differo*, "delay"] ... **propositum ceferveret**: "If I should postpone ... my intention would cool off"; future less vivid condition in past time.
    pro varietate locorum: "with the change in locations."
    mutatis ... affectibus: "with my feelings changed."
    scribendi: gerund; genitive dependent on *propositum*, "intention."

XI.3

    amantissime < *amo*; present participle, superlative, vocative case.
    quam ... velim [< *volo*]: indirect question.
    oculis tuis: dative of reference.
    occultum < *occulo*, "hide."
    nedum: "not only."
    universam: "entire."
    aperio: "lay bare, reveal."
    ora: "pray."
    tamdiu: "so long."
    vagi: "roving, inconstant."
    subsistant ... se convertant: "they find rest ... devote themselves"; present subjunctives in indirect command.
    iactati: "tossed."

(Closing)

    VI Kal. Maias: April 26.
    Malaucena: Malaucene; ablative of place where; *GL*.391,R.3.

Familiares 10.1

Petrarca's Christian humanism made him believe that Rome was the legitimate seat of both Papacy and Empire. Letters to Popes Benedict XII and Clement VI urged them to leave Avignon (in France) and return the Papacy to Rome, and P. hoped that the city would regain its ancient political prominence as well. In 1347 it appeared that the revolution led by Cola di Rienzo might succeed and bring about the desired restoration, but this did not occur. P. then turned to Charles IV of Bohemia, who had been elected Holy Roman Emperor in 1346. An increasing sense of urgency led P. to write this letter in 1351, followed a short time later by *Fam*. 12.1.

Opening

    enixe: "strenuously."
    adventet: present subjunctive in indirect command.

restituturus: future participle used to express intention.

I.1

Precipitium horret: "shudders at the edge of the precipice."
epystola = *epistula*.
serenissime: "o most serene" and "brightest"; introduces a light metaphor developed in the next few lines.
Cesar: the Roman title for Emperor, taken from C. Iulius Caesar Octavianus Augustus, the first Emperor.
sibi conscia: "knowing of something in oneself, conscious of," + genitive.
dum cogitat: "while it considers."
quo: "where."
ventura sit: "it is destined to go"; active periphrastic; subjunctive in indirect question.
orta < *orior*, "rise."
clarissimi: "bright." Here, as often below, it is best to translate the superlative as a positive.
tui nominis: "of your power."
splendore: "brilliance," applied to both light and rank.

I.2

excutit: "drives out."
affectus mei: "of my good will." (See on I.3, *blanditias*.)

I.3

Perlege: "Read through to the end."
decus nostrum: "O our pride and glory"; vocative.
neu ... verearis: "and do not fear." The present subjunctive in a negative command is rare in classical prose with second person.
quas: sc. *esse*.
tibi: dative with *odiosas* and *molestas*.
blanditias: "flattery." Medieval letter writing (*ars dictaminis*, below) directed the writer to seek the goodwill of the recipient (*captatio benevolentiae*). P. claims to eschew the excesses of *dictamen*.
publicam: "universal."

I.4

tam ... quam: "so ... as"; correlatives.

II.1

Quid: "Why."
nostri ... tui ipsius: genitives with *immemor*, "forgetful."

dici: subject infinitive with *fas est*, "it is allowed."
factus es < *fio*, "become."

II.2
Quonam: "Where, pray"
abiit < *abeo*.
Italie tue: objective genitive with *cura*, "concern for."

II.3
te: sc. *futurum esse*, accusative/infinitive with *sperabamus*.
celitus: "from heaven"; adverb.
missum < *mitto*.
factis: "deeds"; ablative with *opus est*, "there is need for."
tempus trahis: "you waste time."

II.4
quam fiducialiter: "how confidently."
tecum ago: "I treat you."
ne ... succenseas (= *succenseas*): present subjunctive in negative command. See above, I.3.
libertati mee: "at my frankness"; dative with *succenseas*.
nature moribusque tuis gratulare: "give thanks to your natural disposition and character"; *gratulare* is the singular imperative of *gratulor*.
michi: dative with *subministrant* = *sumministrant*, "help by supplying."

III.1
Quid: "Why."
ceptum [< *coepio*]: "what has been begun," i.e., "my previous argument."
venturi: "of what is likely to come"; future participle denoting tendency; genitive with *certus*.
tempus ... expendis: "spend time."

III.2
in quam brevi spatio ... versentur: present subjunctive in indirect question.

III.3
multis ... seculis: "over many centuries"; ablative of time within which.
michi: dative with *crede*.
famam propriam: "the fame peculiar (to you)," i.e., "your reputation."
tuas ... res ac nostras ... non egere: "your interests and ours do not need."
dilationibus: "delays"; ablative with *egere*.

III.4
Quid, quod: "What of the fact that ... ?"; explanatory *quod* clause.
quamvis ... sit: present subjunctive in concessive clause with *quamvis*.
integerrima etas tua: "your age is in its prime," i.e., "you are in the prime of life."
assidue = *adsidue*, "continuously."
rapitur: "hastens away"; passive used reflexively.

III.5
non sentientem ... te: "you unawares."
cuntaris = *cunctaris*.
aderit < *adsum*.

III.6
An: "Or"; introduces the second part of a disjunctive question, a remonstrance urging the acceptance of the the first part (4); *GL*.457.1.
dubitas: "do you fear"; a later usage.
ante tempus: "before its time."
inceperis [< *incipio*]: "to begin"; perfect subjunctive in a clause of fearing.
ad quod peragendum: "for the completion of which"; gerundive with *ad* to express purpose. The antecedent is an implied *id*, object of *inceperis*.
tempus ... suffecturum [< *sufficio*]: sc. *esse*.

III.7
vulgaris aut mediocris negotii ... cura: "concern for commonplace or ordinary business."
tibi: dative of possession.
multis ... iactatum tempestatibus: "tossed about by many storms." The ship of state metaphor is common from antiquity.
delusam < *deludo*, "cheat."
proiectam < *proicio*, "cast away, abandon."
umbraculo: "shady place," i.e., "refuge."
respirat: "catches its breath."
sola ... spe: ablative with *pasci*, "feed oneself on"; passive used reflexively.
diutius: "any longer"; comparative adverb.

III.8
quam: "how."
sarcinam: "burden."
suscepisti < *suscipio*, "take upon oneself"; indicative mood in an indirect question, an unusual construction.

perfer: "carry it through"; *fer* is the common imperative form.
ad exitum: "to the end."
quam primum: "as soon as possible."
facito: future imperative

III.9

imo [= *immo*] **vero**: "indeed."
inextimabilis = *inaestimabilis*, "priceless."
cuius solius: genitive with *avaritiam*, "greed," commonly condemned as one of the seven deadly sins.
doctorum: "learned men."
autoritas = *auctoritas*.

III.10

Pelle: "Drive away."
grande aliquid aggressis [< *adgredior*]: "to those who have begun something great."
singulos dies: "each and every day."
magni: "of great worth", genitive of value, with *extima* = *aestima*.
temporis: genitive with *parcum*, "frugal."
nobis: dative of agent with *desideratum*.

IV.1

Non ... non ... detineat present volitive subjunctive with *non* used to negate single words.
transalpinarum ... rerum: "matters across the Alps," from Italy, of course.
natalis soli: "of your native land." Charles IV was Marquis of Moravia, in modern Czechoslovakia.
inspexeris < *inspicio*, "look into, inspect"; future perfect.

IV.2

Illic ... hic: "there ... here"; sc. *es* with each verb.
natus < *nascor*, "be born."
regnum: "a kingdom."
imperium: "an empire."
nationum ac terrarum omnium: genitive with *pace*, "with the leave of."
dixerim: "I go so far as to say"; perfect subjunctive as potential.
cum ubique = *ubicumque*, "wherever."
membra: "limbs"; a common metaphor for the body politic.
hic: "here"; adverb.

IV.3

ignavie: dative with *locus*.
ad nutum: "according to your will."
cunta = *cuncta*.
magnum fuerit: "it would be a great thing"; potential subjunctive, perfect tense.
rerum: "possessions, states."

IV.4

tibi: dative of agent.
aliter ... quam: "in a different way from."

IV.5

nobis: dative with *repromissus*, < *repromitto*, "promise in return."
altum ... iter: "lofty course," i.e., "noble example."
inclyti = *incliti*.
prosecutus < *prosequor*, "continue."
sub eo: "under his guidance."
didicisti < *disco*, "learn."

IV.6

Quin etiam: "But indeed."
quod: introduces relative clause whose antecedent is the next phrase, *preclaras ... meruisti*.
plusquam humane virtutis: "of more than human capacity"; genitive of quality.
preclaras ... victorias: While still in his teens, Charles IV had won a series of military victories in central Italy from 1331 to 1333.
hic: "here," i.e., "in Italy"; adverb.
meruisti < *mereo*, "earn."
sub: "under cover of."
maiora: comparative of *magnus*.
mysterio: here, "symbol."
ne ... timeres: negative purpose clause.
vir: "a grown man"; contrast with *puero* in the following relative clause.
materiam: "occasion."
prebuisset: subjunctive by attraction to the mood of the previous clause.
debeas: present subjunctive in indirect question. As often, sequence of tenses shifts from secondary to primary in a long sentence.
primevi tyrocinii auspicio: "through the omen of this youthful beginning."
provideres: sc. *ut*, "in order to foresee."

IV.7
Adde quod: "Add the fact that."
externi: "foreign."
letius: "more joyfully"; comparative adverb.
expectavit = *exspectavit*.
ut que: "as (a country) which."
vulneribus suis: dative with *remedium*.
tamquam: "as if it were."
alienigene < *alienigena* "foreigner."
iugum: "yoke," i.e., "rule."

IV.8
Hoc singulare ... habet: "has this singularity."
quid ... verear loqui: "why should I fear to say"; rhetorical question with present subjunctive.
te iudice: "in your judgement."

IV.9
primum: adverb.
mos patrius: "the custom of our fathers."
Augustus: "Emperor," the name originally granted to Octavianus.
sibi: "for themselves"; dative with *vindicent*, "lay claim to"; jussive subjunctive.
te Italicum: sc. *esse*.

V.1
quod: introduces relative clause whose antecedent is the preceding phrase.
sepius: comparative adverb.

V.2
actus ... Cesareos: "the deeds of Caesar (i.e., imperial deeds)."
tibi: dative with *placere*, "please."
Cesar: "Caesar," i.e., an Emperor.

V.3
Atqui: "Nevertheless."
opifex imperii: "maker of imperial power," i.e., Julius Caesar, the dictator murdered in 44 B.C.
tante "celeritatis": genitive of quality, functioning as predicate; cf. Suet., *Jul.* 57, which P. is quoting.
adventus: genitive agreeing with *sui*.
preveniret: "he overtook."

V.4
equasti = *aequavisti*.
satage: "busy yourself to."

V.5
Noli: imperative < *nolo*, "refuse"; with infinitive, a common circumlocution for the negative imperative.
amplius: "more, any longer"; comparative adverb.

V.6
unum: "alone."
siderei < *sidereus*, "heavenly."
intuitum: "sight."

V.7
glorie: genitive with *studiosus*, "devoted to."
cuius: genitive with *avidissimum*.
sic ... sicut: "so ... as"; correlatives.
Marcus Tullius: Cicero; v. *Marc.* 8.25 (46 B.C.).
te: sc. *esse*, accusative/infinitive with *non negabis* (= *concedes*).
quamvis: "although"; + subjunctive.
arduo et laborioso calle: ablative of way by which.
pertingitur: "arrives"; impersonal passive.

V.8
vero: "but."
appetentissimum: "eager for"; + genitive.
quelibet: "any (burdens) you like"; neuter plural.
etati prevalide: "on strong manhood"; dative with *impone*.

V.9
labori ... otio: datives with *apta*; sc. *est*.
optimis: superlative of *bonus*.
gravior: "more important"; sc. *est*.
quam ut ... componas: "than that you settle in order"; present subjunctive in comparative indicating disproportion.
orbem: "land."

V.10
huius evi: "time of life"; genitive with *par*, "match."
leviora quam ut ... occupare mereantur: "too trivial to deserve to occupy"; *quam ut mereantur* is a clause of comparison.

V.11

suum: "their proper."
ad plenum: "fully."
putem: present potential subjunctive in concessive clause with *quamquam*.

VI.1

Finge ... animo: "Represent ... in your mind," i.e., "Imagine"; begins a highly figured rhetorical passage that continues to the end of the letter, in which P. delivers his advice first in the character of Roma (described as an aristocratic Roman lady) and then in that of C.'s grandfather, Henry VII. The rhetorical device (a favorite of Cicero's) is called "prosopopoeia."
effigiem: "image, likeness."
evo gravem: "weighed down with age."
sparsa [< *spargo*] ... **excelso**: ablatives of description.
infracto: "unbroken."
pristine ... maiestatis: genitive with *haud immemorem* (= *memorem*).
Cesar: vocative.
ne despexeris < *despicio*, "look down upon"; perfect subjunctive in negative command.
multa ... potui: "had much power"; *multa* is accusative of inner object.
gessi < *gero*.

VI.2

leges condidi [< *condo*]: "I composed laws."
annum partita sum: "I divided the year," i.e., "established a calendar."
militie disciplinam: "the science of warfare."
ducentis ... sequentibus: "during the following 200 years"; ablative of time within which.
ordine: "in turn."
fide: "trustworthiness"; ablative with *dignissimi*.
testes: "witnesses" (i.e., the ancient historians).
orbem terrarum: "the world."
peragravi: "travel through."
surgentis: "rising."

VI.3

auctorem: "founder."
Brutum: Lucius Iunius Brutus, traditional founder of the Roman republic, said to have put his sons to death for treason and to have died in battle against the Etruscans at Silva Arsia. Many of the stories recounted here may be found in the early books of Livy, P.'s favorite historian.
michi: dative with *obsequitur*, "serves."
superbo hosti: dative with *commorientem*, "dying together with."

aspexi < *aspicio*.

VI.4

natantes: "swimming (in the Tiber)"; modifies *virum* and *puellam*, referring to Horatius Cocles, who held a bridge against Porsenna's Etruscan army until, with the bridge destroyed, he swam to safety, and to Cloelia, who escaped from Porsenna by swimming across the Tiber to Rome.

stupui < *stupeo*, here "marvel at."

pium Camilli exilium [= *exsilium*]: Marcus Furius Camillus, according to tradition exiled from Rome and then recalled to defeat the invading Gauls and save the city. The verb for this and the following objects is *vidi*, at end of sentence.

Cursoris: Lucius Papirius Cursor, who received the name *Cursor* ("runner") for his part in the victory over the Samnites in the 4th century B.C.

Curii: Manius Curius Dentatus, conqueror of Pyrrhus, known for his severity of dress.

electum [< *eligo*, "choose"] ... **dictatorem**: Lucius Quinctius Cincinnatus, by tradition *dictator* for 16 days while defeating the Aequi, after which he returned to his farm and the plow from which he had been called away (*ab aratro*).

regiam Fabricii paupertatem: "poverty of Fabricius, truly fit for a king." Gaius Fabricius Luscinus was legendary for his austerity and incorruptibility.

Publicole: Publius Valerius Poplicola ("the people's friend"), traditionally one of the first consuls in 509 B.C., who was buried at public expense within the city and mourned for a year in respect for his great service to the state.

elatum [< *effero*] **funus**: "body carried out for burial."

Curtii: Marcus Curtius, who sacrificed himself by leaping fully armed into a chasm to save his country.

Atilii: Marcus Atilius Regulus was captured by the Carthaginians and sent to Rome as an emissary. He had promised to return to Carthage, and he chose imprisonment and death there over breaking his promise.

insigni ... Decios: "the Decii, sinking down in a remarkable bearing of consecration"; father and son, both named Publius Decius Mus, one or the other of whom "devoted" himself to death in battle to save the state.

Corvini: Marcus Valerius Corvus, or Corvinus, who engaged a Gaul in single combat in 349 B.C. and won a *cognomen* when a raven (*corvus*) flapped in the Gaul's eyes, causing his defeat.

patri ... filio: datives of reference.

Torquatum: Titus Manlius Torquatus, who saved his father from prosecution and sentenced his son to death as the son fought against his father's orders.
profusum < *profundo*, "shed."
una: "together."
Fabiorum: 306 members of the *gens* Fabii were destroyed by the Veientines at the river Cremera.
attonitum: "astonished"
Porsennam: Lars Porsenna, head of Etrurian forces in 6th century B.C., who marched against Rome to restore Tarquin to the throne.
generosam: "noble."
Mucii: Gaius Mucius Scaevola, who after failing to kill Porsenna held his right hand to the fire to show his indifference to death in the defense of his country.

VI.5

Senonum: genitive < *Senones*, Gauls who burned Rome before being defeated by Camillus.
Pyrrhi: king of Epirus who defeated the Romans at Heraclea (280 B.C.) with a force that included 20 elephants.
opes: "resources."
Antiochi: name of several Seleucid kings of Asia. The reference here is probably to Antiochus III ("the Great," c. 242-187 B.C.), whose efforts to expand in the Mediterranean led to his defeat by the Romans.
pertinaciam Mithridatis: "the stubbornness of Mithridates" VI, Eupator Dionysus, Rome's most formidable Oriental foe, 120-63 B.C.
Syphacis: Syphax, chief of the north African Masaesyli who fought against Scipio until his capture by Laelius and Massinissa in 203 B.C. See P.'s epic poem *Africa*, Book 5.
Ligurum difficultates: "troubles with the Ligurians," a people of northwest Italy subdued by the Romans from 238 to 117 B.C.
bella Samnitica: 343-41, 327-21, 316-04, 298-90 B.C. Rome eventually won control of the Samnite territory in the southern Apennines.
Cimbrorum: The Cimbri were a German people whose migrations southward were stopped by Marius in 101 B.C.
Macedonum < *Macedo*, "Macedonian." Macedonia was annexed as a Roman province in 146 B.C.
Punicas: The long, bitter Punic wars with Carthage lasted from 264-41, 218-01, 149-46 B.C.
fraudes: The treachery of the Carthaginians was proverbial.
pertuli < *perfero*, "endure to the end."

VI.6

Carrhas < *Carrhae*, now "Charran," a town in Mesopotamia where the Parthians defeated Crassus in 53 B.C.

Persidem < *Persis*, "Persia."

Pontum: a Roman province on the shores of the Black Sea, once ruled by Mithridates.

utramque Armeniam: The Romans distinguished between the plateau east of the Euphrates (*Armenia Maior*) and a small kingdom to the west of it (*Armenia Minor*).

Galatiam: a territory in central Asia Minor.

Cappadociam: a district in Asia Minor, north of Cilicia.

Pharium: "Egyptian."

arenas = *harenas*, "sands," i.e., "desert."

Hispanie: "Spain."

Aquas Sextias: Aix-en-Provence, scene of Marius' victory over the Teutones in 102 B.C.

Ticinum: "Pavia." P. here lists a series of Roman defeats at the hands of Hannibal in the Second Punic War, from 218-16 B.C., at Pavia, the river Trebbia, lake Trasimene, and Cannae.

Thermopylas: scene of a battle in which the Romans defeated Antiochus III. See above, VI.5.

Rhenum: "the Rhine."

Hydaspem: "the river Jelum," in India.

Rhodanum: "the Rhone."

Hiberum: "the river Ebro," in Spain.

Tigrim: accusative singular.

Hebrum: the chief river of Thrace.

Tanaim: "the river Don"; accusative singular.

Araxen: a river in Armenia; accusative singular, Greek declension.

Taurum: a high mountain range in Asia Minor.

Olympum: mountain range on the border of Macedonia and Thessaly, the mythological home of the gods.

Atlanta < *Atlas*, a high mountain in Africa, on which the sky was said to rest; accusative singular, Greek declension.

Ionium: "Ionian."

Scythicum: "Scythian"; the north part of the Black Sea.

Carpathium mare: the part of the Aegean between Crete and Rhodes, toward the island of Carpathos.

Euboicas < *Euboea*, island in the Aegean Sea off Attica and Boeotia.

nostribus classibus: dative of agent.

natorum: "of my offspring"; continues the personification of Rome.

per: "by means of."

manus: "the work."

venturum: "destined to come." Medieval thought held that Roman power was transferred to the Holy Roman Emperor (*translatio imperii*).

VI.7
fefellit < *fallo*, "lead astray."
voti compos: "one whose wish is fulfilled"; *compos* takes the genitive.
sub pedibus: "in my power."

VI.8
sensim: "gradually."
nescio quonam modo: "I know not how."
nisi quia: "except that"; explanatory clause.
irrepsit < *irrepo*, "creep in."
aliena: "strange, unfavorable."
ordiar < *ordior*, "begin."
quorsum se res redegerit [< *redigo*]: "to what level our state has declined"; perfect subjunctive in indirect question.

VII.1
michi ... desperanti: dative with *destinatus*.
divinitus: "by divine influence"; adverb.

VII.4
tui: genitive with *egentior*, "more in need of."
ad opem ferendam: "for bringing aid"; gerundive.
Romanus Pontifex: the Pope.
expectatio = *exspectatio*.
maior: comparative of *magnus*.
propensior [< *propendeo*]: "more favorably disposed."
res agenda: "what must be done"; *agenda* is gerundive, expressing necessity.

VII.5
Differs: "Are you delaying?"

VII.6
magnis ... principiis: "to great beginnings"; dative with *inimica*.
exempla: "examples." Humanist historiography relied heavily on examples from ancient history to be applied to contemporary problems.
clarissima: "renowned" as well as "easily understood."
nichil in senium differentes: "postponing nothing for their old age."
oblatam < *offero*.
impigerrime: "actively"; superlative adverb.

VII.7
Alexander Macedo: Alexander of Macedon, i.e., Alexander the Great.
ea etate: Charles IV was about 40 when P. wrote this letter; Alexander died at 33.
pulsabat: "was attacking"; frequentative of *pello*.
aliena: "foreign (kingdoms)," contrasted with *tuum* below.
rapturus: future participle, showing intention.
tuum repetens: "reclaiming what is yours"; a legal technical term.

VII.8
Scipio Africanus: Publius Cornelius Scipio Africanus Major, who defeated Hannibal at the battle of Zama (202 B.C.).
transgressus < *transgredior*, "cross over."
senum: the Senate, led by Fabius, opposed Scipio's African policy.
nutanti iam et ruinam minanti: "wavering then and threatening to collapse"; agrees with *imperio*.
michi: dative with *impendens* ("threatening"), which modifies *iugum*.
discussit < *discutio*, "shatter."

VII.9
in primis: "especially."
memorabilis: nominative.
nostris ardentibus: "with our territory in flames"; *finibus* is implied from context.
invadere: subject of implied *est*, as is *vincere*.
Hannibalem: object of *vincere*.
versantem: "meditating upon"; agrees with *Hannibalem*, as does *detractum* < *detraho*, "drag away."
hinc ... illic: Scipio forced Hannibal to return to Africa, where he defeated him.

VII.10
Tibi: dative of agent.
transeunda [< *transeo*] **sunt**: "must be crossed"; passive periphrastic.
pronum: "easy."
obserata: "barred."
tonitrui: "thunder"; dative with *patescent*.

VII.11
ingredere: singular imperative of *ingredior*.

VII.12
acies: "ranks."

duce te: "with you as general."

VII.13
Possem: imperfect potential subjunctive.
solicitare = *sollicitare*, "rouse."
obice < *obex*, "obstacle," governing the genitive (*mortis ... impedimenti*).
ad exitum: "to an end."
perduxerunt < *perduco*, "bring through."
domestica: "native (examples)," contrasted with *externa*.
suppetunt: "are at hand."

VII.14
Unus: sc. *vir*.
pro: "in place of."
Henricus VII: Henry VII of Luxembourg, who had crossed the Alps in 1310, shortly after P.'s birth.
si ... vite spatium suffecisset ... reliquisset: "if the length of his life had been sufficient ... he would have left."
ad explenda: sc. *ea*. "for completing those things"; gerundive.
versa rerum sorte. "with destiny changed."
afflictos < *adfligo*, "strike down."

VII.15
incola: masculine.
gressus: "steps," i.e., "course."

VIII.1
amantissime: superlative adjective, vocative case.
superstite < *superstes*, "surviving."
totus: "completely"; adjective, but with adverbial force.
interii < *intereo*, "die"; singular because it agrees with the nearest subject.
amplectere: imperative of *amplector*, "embrace."
reformandeque Reipublice: "of renewing the state"; gerundive.
propositum [< *propono*]: "design, intention": object of imperative *prosequere*.
quam: "than."
damnosior: "more ruinous."
prevertit: "forestalled"; perfect.
zelum: "zeal."

VIII.2
ne moreris [< *moror*]: present subjunctive in negative command. See above, I.3.
scito: future imperative < *scio*.

VIII.3
I: imperative of *eo*.
celer: "quickly"; adjective best translated with adverbial force.
gaudentium Alpium claustra: "the barricades of the rejoicing Alps." The figure used here (personification) is repeated in VIII.4 below.
sponsum: "betrothed"; the verb is *vocat*.
sospitatorem: "preserver."

VIII.4
malis ... bonis: datives with *videberis*, "you will seem."
distulisse < *differo*, "delay."
sat cause: "sufficient cause"; *cause* is partitive genitive.
est: The indicative is used in the apodosis of a condition contrary to fact with a neuter adjective plus *sum*.
his: "the latter," i.e., *boni*.
illis: "the former," i.e., *mali*.
resipiscere: "to recover their senses."
laturus < *fero*; future participle indicating intention.
acceleres: present subjunctive in indirect command.

VIII.5
interrupti < *interrumpo*, "break off."

Closing
VI Kal. Martias: February 24.
Patavi: "at Padua"; locative.

Familiares 13.8

In the summer of 1337, P. obtained a small house and some land in Vaucluse, on the river Sorgue in southern France. P. quickly fell in love with this spot, for it meant to him not only the simplicity and beauty of the natural world, but also the freedom to study and write. Here the inspiration for his epic poem (the *Africa*) and his collection of historical biographies (*De viris illustribus*) came to him, and here he corresponded with his many friends and entertained those who would venture out to visit him. This letter was written in the summer of 1352 to Francesco Nelli, prior of the church of the Holy Apostles in Florence and P.'s chief correspondent. In the letter he describes his holdings, his manner of living, and his faithful overseer (Raymond Monet) and his wife.

Opening
    ratione: "plan, method."
    ad fontem Sorgie: "at the fountain-head of the river Sorgue"; v. *Posteritati*, IX.1 ff.

I.1
    estatem ago: "I am passing the summer."
    iam: "as a consequence."
    tacito [< *taceo*] **me licet**: "although I have remained silent"; *licet* is part of the ablative absolute, a primarily post-classical usage.
    brevibus: sc. *verbis*, "in a few words."

I.2
    indixi < *indico*, "declare."

I.3
    Ille: *Deus*.
    adiuvet: "may He help"; present optative subjunctive.
    sine ... succumberem: "without whose help I would lie vanquished." The imperfect subjunctive functions like the apodosis of a condition contrary to fact, making *sine cuius ope* = *nisi Ille iuvaret me*.
    ut: "as."
    gula: "throat."
    artus: "limbs."

I.4
    hinc: "hence," i.e., "from my body."
    memini: "I remember." The verb is defective in the present; perfect forms are translated as present.
    ad omne precipitium: "toward every precipice."
    duces: "guides," but also "commanders" to reflect the military metaphor in this passage (*bellum indixi, hostes*).

I.5
    conclusi < *concludo*, "confine."
    purpuram: "the purple," i.e., "expensive clothes."
    puero: "serving boy."
    postremo: "lastly"; neuter ablative as adverb.
    villice = *vilicae*, "bailiff's wife."
    faciem: "face"; still the object of *videant*.
    solitudinem: here, "desert."

vere: adverb.
adustam < *aduro*, "singe."
cui ... inest [< *insum*]: "in which there is."
viroris ... succi: partitive genitives with *nichil; viror*, "freshness, bloom," is post-classical for *viriditas*.
Tyndaris: Helen of Troy, supposed daughter of Tyndarus. Helen's great beauty led to the war that destroyed Troy.
si Lucretia et Virginia: sc. *habuissent* as protasis, for condition contrary to fact, past time.
Lucretia: wife of Lucius Tarquinius Collatinus, whose rape by Sextus Tarquinius led to the expulsion of the Tarquins from Rome; v. Liv. 1.57-59.
Virginia: Verginia, a girl whom Appius Claudius (consul in 451 B.C.) attempted to violate; v. Liv. 3.44-58.
regno: ablative of separation with *pulsus esset*, < *pello*, "drive away."

I.6

Verum: "But."
sibi: dative with *subtraham*, "take away from her." The reflexive refers to the bailiff's wife as the real subject rather than to P. as the grammatical subject.
morum < *mos*, "character" in plural; genitive with *dignas*.
quam ... tam: "as ... so"; correlatives.
candidus: "glittering white." The meaning "honest" lurks below the surface.
nichil ... exemplum: "example of feminine ugliness (that is) not harmful to the spirit."
nisi quia: "except that"; explanatory clause, with *quia* = *quod* (post-classical).
Claranum: a grammarian and friend of Seneca; v. *Ep.* 66.1 ff.
articulum: "issue."
prosecutus est < *prosequor*, "go on with."

I.7

singularius: "more extraordinary"; comparative adjective.
quod: "that"; explanatory clause, following *Hoc*.
cum: "although"; + subjunctive.
bonum: "advantage."
decere ... putes: "that you might think it is fitting."
nichil fidelius: sc. *est quam haec vilica*.

I.8

cicadis: "tree crickets."
estum: "heat."

Familiares 13.8

totos dies agit: "she spends whole days."
Cancrum: "Cancer," June 21 to July 22.
Leonem: "Leo," July 23 to August 22.
domum: "(to) home"; accusative of place to which. The preposition is regularly omitted with *domus*.
anicula: "little old woman"; diminutive of *anus*.
indefessum: "tireless"; modifies *corpusculum*, "small body," diminutive of *corpus*.
rebus domesticis: "housework."
dumtaxat: "exactly."

I.9

Huic saxee muliercule [diminutive, < *mulier*]: "This little woman of stone"; dative of possession, with *est*.
sarmentis: "brushwood"; ablative dependent on *instrata*, < *insterno*, "strew."
cubiculum: "(as) a bedchamber."
huic: dative of possession.
prope terreus: "almost earthen."
aceto: "vinegar"; dative with *similius*, "rather like."
limphisque [= *lymphisque*] **perdomitum**: "thoroughly conquered by water," i.e., "greatly diluted."
mollius: "more pleasant to the taste."
durum: "harsh to the taste."
omne quod mulcet: "whatever charms," i.e., "whatever tastes good."

I.10

satis multa: "sufficiently many things," i.e., "enough."
agresti scriptura: "a pastoral composition."
repertura non fuerat: "would not have found." The indicative is regularly used with future participle in apodosis of condition contrary to fact.

II.1

Hoc modo: "In this way"; ablative of manner.
quid ... dicam: deliberative subjunctive. P. will use a series of deliberative questions to shift from one source of sensual temptation to another; see below, III.1, IV.1.

II.2

Cantus: nominative, as is *tibie*.
fidium < *fides*, "lyre."
nulli: genitive of value.
dispersit < *dispergo*, "scatter."

II.3
boum: genitive plural < *bos*, "cow."

II.4
Quid lingua: "What about my tongue?"
erexi < *erigo*, "arouse."

II.5
iacet: "lies idle."
loquatur: present subjunctive in relative purpose clause.

II.6
bubulci: "plowman."
michi: dative with *sufficiat*, "suffices."
niveum: sc. *panem*, "white bread"; object of *manducent*, "eat."
michi allatum [< *adfero*]: "brought to me."
famuli: "servants."
tulere = *tulerunt*, < *fero*, "bring."

II.7
villicus = *vilicus*, "bailiff."
familiaris: "member of the household."
saxeus: cf. above, I.9.
durior ... quam qui ... diutius ferri queat: "harder than that which can be endured for very long," i.e., "too hard to endure for very long."
sit: present subjunctive in *oratio obliqua*, indicating that the opinion is the bailiff's.
victus: "food."

II.8
contra: "on the other hand"; adverb.
mollem: "soft," here "refined."
magni tedii: genitive of quality.
quinque diebus: "for five days."
Satyricus: "the Satirist," i.e., Juvenal, in 11.206 ff.

II.9
amygdale: "almonds."
pisciculis: "little fish"; diminutive of *piscis*; ablative with *delector*, "I take delight in."
dum: "while."
quod: introduces a relative clause whose antecedent is the idea of fishing found in the preceding clause.

iuvatque: "it pleases"; impersonal with infinitive (*tractare*) as subject.

III.2
non: sc. *est*, "does not exist (any longer)."
habitus: "style of dress."
qua ... fuit: relative clause whose antecedent is *varitatem*.
ni fallor: "unless I am mistaken"; parenthetical.
conspici: "to be seen, to attract notice"; passive infinitive, subject of *fuit*.

III.3
dixeris < *dico*; potential subjunctive, perfect tense
exquisitior: "rather choice."
mutati habitus: "of this changed style of dress"; genitive with *causa*.
sordet: "appears worthless"; subject is the preceding relative clause, *quod ... placuit* [< *placeo*].

III.4
Soluta < *solvo*, "loose."
clausique < *claudo*, "shut."
quibus: dative, dependent on *placere*.
solitum: "accustomed to, usual," < *soleo*.
meis ... oculis: dative, dependent on *placeo*.
nullo modo: "in no way."

IV.1
habitaculo: "dwelling."

IV.2
Catonis: Marcus Porcius Cato, "Cato the Censor," 234-149 B.C., whose simplicity and abstemiousness were legendary in early Rome.
Fabricii: Gaius Fabricius Luscinus, fl. early 3rd century B.C., likewise a type of old Roman virtue and frugality.
tantum: "only"; adverb.

IV.3
dimisi < *dimitto*, "dismiss."
utinam ... dimisissem [< *dimitto*]: "if only I had dismissed"; *utinam* + imperfect or pluperfect subjunctive introduces a wish that cannot be fulfilled.
in via: "along the way."
redituros < *redeo*; future active participle.
procellam: "storm," here used metaphorically in apposition with *omnes*.

IV.4

michi ... usui: double dative, of respect and purpose.
presto: "at hand."
obsequium: "service."
secludendus < *secludo*, "separate"; gerundive.

IV.5

Hic: "Here"; adverb.
ortulos = *hortulos*, "little gardens"; diminutive of *hortus*.
ingenio propositoque meo: "to my temperament and purpose"; dative with *consentaneos*, "agreeable."
ut nichil magis: sc. *consentiat*, "that nothing harmonizes more (with my rustic life)," producing a clause of result implied by *tam*.
longus: here "tedious."

V.1

In summa: "In summary."
reor: "I judge, conclude."
habeat: present subjunctive in indirect statement.
orbis terrarum: "earth"; *orbis* is nominative.
femineam: "suitable for a woman."
fateri: "to admit"; infinitive with *oportet*, "one ought to," an impersonal verb.

V.2

Hunc: sc. *situm*.
Helicona: "Mt. Helicon," a mountain in Boeotia, sacred to the Muses, on which were the sacred springs of Hippocrene and Aganippe; Greek accusative.
transalpinum: "beyond the Alps" from Italy.
vocitare: "to call"; frequentative of *voco*.
alter: "the one (garden)"; understand the noun from *ortulos* at IV.5.
solique studio: "for study alone"; dative dependent on *aptus*, "suitable."
nostro ... Apollini: dative with *sacer*. Apollo presides over the arts and literary production.

V.3

nascenti Sorgie: "the Sorgue as it comes into existence," i.e., "the source of the river Sorgue"; dative with *impendet*, "overlooks."
avia: "solitary by-ways."
feris aut volucribus: dative with *inaccessa*.

V.4

Alter: "the second (garden)."
domui: dative dependent on *proximus*, "very near."
aspectu: "in appearance"; ablative of respect.
cultior: "more cultivated."
Bromio: "the noisy one," a surname of Bacchus; dative of agent with *dilectus*, < *diligo*, "love, esteem."
dictu: "to say"
brevi tantum ponte disiuncta [< *disiungo*]: "separated only by a short bridge."
domus: genitive singular.
testudo: "a vault."
vivis ex lapidibus: "from the living rock."
celo ardente: "with the heaven aglow," i.e., "in the summer heat."

V.5

accendat: "kindles," i.e., "excites"; subjunctive in relative clause of characteristic. The heat image is transferred from the preceding sentence.
augurorque: "and I guess"; parenthetical.
atriolo illi: "that antechamber"; diminutive of *atrium*; dative with *absimilis*, "dissimilar."
Cicero: v. Seneca, *Con.* 1, praef. 11.
illud: Cicero's antechamber.

V.6

hac: sc. *testudine*, V.4.
exigitur: "is passed."
asperiore: "rougher, less cultivated."
naturam vincentem artificio: "conquering nature in craftsmanship."
stimulis ardentibus: "with glowing incentives"; ablative with *plenus*.
piger licet: "though sluggish."
curas: "concerns."
possit: present subjunctive in relative clause expressing result.

V.7

vis < *volo*.

V.8

hic: "here"; adverb.
Italia: ablative of separation with *procul*. In earlier prose *ab* normally appears (*GL*.390.3,N.2).
Avinio: "Avignon," offensive both as a seat of corruption and the seat of the Papacy which P. felt belonged in Rome (see *Fam.* 10.1); dative with *prope*, "near."

V.9

dissimulem: "should I conceal"; present subjunctive, in a rhetorical question.
mollitiem: "weakness."

V.10

Illius ... huius: "the former ... the latter"; objective genitives.
vellicat: "plucks."
asperat: "angers."
odorque: subject with *odium*; used figuratively.
toti mundo: dative with *gravissimus*, "oppressive."
parvi ruris: "little estate."

V.11

statum interim meum: "my condition in the meantime."

V.12

cupiam ... metuam: present subjunctive in relative clause of characteristic.
rari: "scattered few."
superant: "remain alive."

Familiares 24.3

As Virgil was P.'s favorite poet, so Cicero was his favorite prose writer (cf. *Sen.* 16.1, below). Indeed, this epistle, dated 1345, announces the rediscovery of Cicero's letters to Atticus, Brutus, and his brother Quintus, one of P.'s greatest triumphs as a humanist. A careful reading of this letter shows that, in effecting a revolution in Latin prose style, P. was making a conscious effort to reproduce Cicero's verbal polish, for he was the first man in centuries to have heard what he called "the sweetness and sonority of the words." However, P. also believed that eloquence and wisdom were bound together, and he valued Cicero for his insight into human values at the same time that he acknowledged Cicero's failure to live up to his own standards of behavior. The notion of writing a letter to a man long dead may strike us as strange, but it underscores P.'s belief that the great spirits of antiquity live forever through their writings and remain—even with their imperfections—the surest guide to the development of the mind and heart.

1 Epystolas tuas ... perquisitas atque ... inventas: In 1345 P. found a lost manuscript containing Cicero's letters *Ad Atticum, Ad Quintum, Ad Brutum,* and the letter to Octavianus once attributed to Cicero. *perquisitas* < *perquiro*, "search eagerly for."

ubi minime [< *parum*] **rebar**: "where I was least expecting it," in the cathedral library at Verona.

perlegi: "I read all the way through."

multa: objects of the present participles. The conscious parallelism shows P.'s attempt to imitate Cicero's stylistic polish.

Tulli: Proper names in *-ius* regularly show vocatives in *-i*.

iampridem ... noveram [< *nosco*]: "I had long been acquainted with." The perfect of *nosco* has force of present, with pluperfect having force of imperfect, but imperfect with *iampridem* restores the force of the English pluperfect; *GL*.234.

qualis ... fuisses: pluperfect subjunctive in indirect question.

aliis: dative of personal interest. The philosophical and rhetorical works available during the Middle Ages presented the image that Cicero had fashioned for public consumption.

tibi: The newly discovered letters give a more personal, private portrait of Cicero.

agnovi: "know," < *agnosco*. See above, on *noveram*.

2 **profectum** < *proficiscor*, "originate."

audi: imperative.

ubicunque es: Christian humanists had some difficulty deciding what happened to exemplary pagans after death.

posterorum: "of those who have come after you."

3 **O inquiete ...**: "O restless ... "; vocative. P. begins a series of questions upbraiding Cicero (epiplexis).

"o ... senex": quoted from *Epistula ad Octavianum* 6, formerly attributed to Cicero.

tibi ... voluisti [< *volo*]: "did you want for yourself," i.e., "did you mean."

prorsum nichil: "utterly, not at all"; adverbs.

profuturis < *prosum*, "be of benefit."

4 **etati ... professioni ... fortune tue**: datives dependent on *conveniens*, "suitable to."

otium: "leisure," the period (46-44 B.C.) of withdrawal from active public life (*negotium*) when Cicero did much of his more theoretical writing.

reliquisti < *relinquo*, "abandon."

5 **Quis**: used here in place of *qui*.

falsus: "mistaken." P. is not criticizing all kinds of glory, only those particular errors of judgement that led Cicero out of a productive retirement to his death.

adolescentium bellis: "wars of young men"; ablative with *implicuit*, "entangled."

iactatum < *iacto*, "trouble, toss"; agrees (as does *senem*) with *te*.

philosopho: ablative with *indignam*, "unworthy." Cicero was killed (43 B.C.) after being proscribed by the Second Triumvirate (Antony, Octavian, and Lepidus). Seneca the Elder later quoted Asinius Pollio's report that he did not die with dignity (*Suas.* 6.14-15, 24).

rapuit < *rapio*, "hurry along."

6   **fraterni consilii ... tuorum ... salubrium preceptorum**: genitives with *immemor*. On Cicero's thoughts about death, see *Tusc.* 1 and *Sen.* 66-85.

ceu nocturnus viator: "just like a nocturnal traveller." The simile is quoted from Cicero, *Off.* 1.16.51.

secuturis: "to those who would come afterward"; future active participle < *sequor*.

lapsus es < *labor*, "slip."

7   **Omitto**: P. catalogues Cicero's disagreements and inconsistencies, emphasizing each by seeming to pass over it (praeteritio); the verb repeated at the beginning of a phrase (anaphora) is also a sign of rhetorical polish.

Dionysium: freedman tutor to the younger Ciceros, whose ingratitude took him out of Cicero's favor for a while.

fratrem: Quintus Tullius Cicero, recipient of 27 letters of advice and criticism from his older brother Marcus.

nepotem: "nephew," Quintus Tullius Cicero, son of Marcus' brother Quintus and an unstable young man who never lived up to his potential.

Dolabellam: husband of Cicero's daughter Tullia, whose political maneuverings brought him in and out of Cicero's favor.

nunc ... nunc: "at one time ... at another."

repentinis malidictis [= *maledictis*]: "with unexpected curses."

fuerint: "might be"; perfect subjunctive, potential.

8   **Iulium ... Cesarem**: the Dictator, who pardoned Cicero in spite of his support for the senatorial party.

pretervehor: "I pass by." Praeteritio continues, but with the verbs varied; cf. *sileo* below.

spectata ["proven"] **clementia ipsa**: nominative.

lacessentibus: sc. *eum*, "to those provoking (him)"; dative of personal agent.

portus: "place of refuge."

Magnum ... Pompeium: Gnaeus Pompeius, leader of the senatorial faction in Rome which Cicero eventually joined against Caesar.

iure quodam familiaritatis: "by a certain right of intimate friendship."

quidlibet: "in something"; neuter substantive used as accusative of inner object.
posse: "to avail, have influence."
videbare = *videbaris*, "you seemed."

9 **Sed**: P. begins another series of reproachful questions. See above, 3.
quis: See above, 5.
in: "against."
Antonium: Mark Antony, against whom Cicero wrote the *Philippics* (44-43 B.C.) and whose agents killed Cicero in 43 B.C.
impegit < *impingo*, "thrust."

10 **credo**: parenthetical.
Reipublice: objective genitive with *amor*.
quam ... corruisse: "which had already rushed to ruin."
funditus: "completely"; adverb.

11 **Quod si**: "But if."
trahebat: The indicative (as opposed to a subjunctive for condition contrary to fact) suggests that P. is inclined to accept this explanation.
quod: relative pronoun whose antecedent is the preceding protasis.
opinari: subject infinitive with *licet*.
tibi: sc. *erat*; dative of possession.
Augusto: Octavian, Caesar's adopted son, with whom Cicero's friendship did not endure. He received the title "Augustus" in 27 B.C.

12 **Bruto tuo**: Marcus Brutus, a correspondent of Cicero's in his later years who wrote the sentence which follows (*ad Brut.* 1.16.7).
responsurus es < *respondeo*, "what could you answer"; active periphrastic.

13 **fugisse** [= *fugivisse*] **... quesisse** [= *quaesivisse*]: complementary perfect infinitives with *videberis*, "you will seem."

14 **extremum** [< *exter*]: "the worst of all."
ut ... malidiceres [= *malediceres*]: imperfect subjunctive in indirect command; cfr. *Epistula ad Octavianum* 6.
huic ipsi: Octavian; dative with *malidiceres*
tam laudato: "so praised (in the past)."
tibi: dative with *malifaceret*, "injured."
non dicam: potential subjunctive; parenthetical.
malifaceret [= *malefaceret*] **... obstaret**: subjunctives by attraction.
malifacientibus: dative with *obstaret*.

15 vicem < *vicis* (genitive; nominative not found), "fortune."
amice: "my friend." Note that P.'s disappointment with Cicero's shortcomings does not wipe away all sympathy for him.
errorum ... tantorum: "such great errors excite both shame and pity." Both verbs are impersonal and take the genitive to complete sense.
"iis ... scio": Cicero, *ad Brut.* 1.17.5.
nichil tribuo: "I grant nothing," i.e., "I consider of no value."

16 quid iuvat ... quid ... prodest: "what good does it do, what help is it?"; accusative of inner object.
alios docere: "teaching others"; subject of *iuvat*.
loqui: subject of *prodest*, < *prosum*, "benefit."
si ... audias: This combination of universal present with ideal second person is common in conditions.

17 quanto satius ... senuisse ... habuisse ... inhiasse: "how much better ... to have grown old ... to have had ... to have gaped longingly at"; *quanto* is ablative of measure of difference.
presertim: "especially"; qualifies *philosopho*.
"de ... cogitantem": Cicero, *Att.* 10.8.8.
fasces: i.e., "power, offices"; object of *habuisse*.
nullis triumphis: "no triumphal processions," granted to a general after an important victory. Cicero hoped for a triumph after serving as governor of Cilicia. Dative with *inhiasse* = *inhiavisse*.
nullos ... Catilinas: "for no Catilines to have puffed up your mind"; accusative/infinitive after *quanto satius fuerat*. Note the change of construction.

19 Eternum: "forever."
mi: regular vocative of *meus*.

Closing
Apud superos: "among men on earth."
Athesis: "Adige."
Transpadane Italie: "in Italy, beyond the Po river"; genitive.
XVI Kalendas Quintiles: "June 16." The Roman dating system is especially appropriate here, since Cicero would not recognize the name "July," which came into use after his death.
noveras: See above, 1.

Familiares 24.8

The works of Titus Livius (59 B.C.-17 A.D.) provide the background for P.'s *Africa* and *De viris illustribus*, and we can see how carefully he studied Livy by examining his copy of the text, now Cod. Harl. 2493 in the British Library. His copy of Livy was more complete than any other of its day, and P. also tried to improve the text where he thought it was corrupt by collating variant readings from other manuscripts and emending where necessary, a procedure which inaugurated modern principles of textual criticism. However, for P. history was more than just a record of what the ancients did, for in providing an accurate vision of the past, history also provided a succession of moral examples that could guide future generations. This letter, which along with *Fam.* 24.3 forms part of a series of epistles written to ancient authors, is dated 1350.

I.1

Optarem, si ... datum esset: contrary to fact condition.
ex alto: "on high," i.e., "by heaven."
in tuam: repeat *etatem*, "age," from below.
per te: "by means of you."
melior: comparative < *bonus*.
visitatorum: "visitors"; post-classical.
ex numero: With numerals or words expressing number, an ablative with *ex* or *de* often appears instead of a partitive genitive.
forem = *essem*.
non ... modo ... sed: "not only ... but"; correlatives.
Romam ... Indiam: objects of *petiturus*. India was the eastern limit of Roman domination in classical times.
te videndi gratia: "in order to see you"; genitive of the gerund used with *gratia* to express purpose; *GL*.428.2.
Galliis: "Gaul," i.e., northern Italy and France.

I.2

qua: "as far as"; relative.
totum: "in your entirety"; modifies *te*.
quatenus: "as far as."
desidia: "apathy"; ablative of external cause, common in later prose.

I.3

rerum: "affairs," i.e., "history."
edidisse [< *edo*] **te**: "you published."

I.4

triginta: Today 35 books are known.

ex omnibus: See above, I.1.

I.5

pessimus: superlative < *malus*.
nosmet ipsos: "ourselves"; *nosmet* = *nos* + emphatic enclitic *-met*; object of *fallendi*.
de industria: "on purpose."

I.6

quia: introduces causal clause.
vulgo: "commonly"; adverb.
iis ipsis: dative with *deesse*.
plane: "to be sure"; adverb.
decades: "decades," groups of ten books each.
cui ... non constat: "to which ... does not correspond." P.'s manuscript of Livy lacked Book 33 and the last section of Book 11; see the famous study by G. Billanovich, "Petrarch and the Textual Tradition of Livy," *Journal of the Warburg and Courtauld Institutes* 14 (1951), 137-208.

I.7

reliquiis: "remains."
exerceor: "I keep at work"; passive used as middle; *GL*.218.
quotiens: "as often as," i.e., "whenever."
animi: "in spirit." The seat of feeling is put in the genitive, by origin probably locative; *GL*.374.7.
hominum nostrorum: "men of our age."
in precio [= *pretio*]: "prized."
in bonis: "among the goods."
habenda sunt: "must be considered, are to be considered"; passive periphrastic.
multo: ablative of measure of difference.
cumulatius: "more heaped up"; comparative adjective, along with *perfectius* modifying the substantive *bonum*.
non tantum ... sed: "not only ... but"; correlatives.
mute pecudis: "dumb animal."
elementi: "physical element."
quam: "than."

II.1

alias: "at another time."

II.2

potius: "rather"; comparative adverb.

Familiares 24.8

ut gratias agam: "to thank"; result clause following *tempus est*, "it is a fit time."

cum ... tum: "both ... and especially"; correlatives.

nominatim: "expressly"; adverb.

quod ... inseris: explanatory *quod* clause after demonstrative (*pro eo*).

oblitum [< *obliviscor*] ... **me**: "me, having forgotten, forgetful of"; + genitive.

inter legendum: "while reading"; gerund. The following names are plural because they are *exempla*.

saltem: "at least"; qualifies *inter legendum*.

Corneliis ... Africanis: Publius Cornelius Scipio Africanus Major, conqueror of Hannibal at Zama (202 B.C.) and hero of P.'s epic poem, the *Africa*. Compare the list of traditional Roman heroes from Livy with that found in *Fam.* 10.1, VI.3 ff.

Leliis: Gaius Laelius (Major), friend and associate of Scipio Africanus.

Fabiis Maximis: Quintus Fabius Maximus Verrucosus Cunctator, whose avoidance of pitched battles wore down Hannibal at the end of the 3rd century B.C.

Metellis: Lucius Caecilius Metellus, who stopped a Carthaginian attack on Panormus and captured the enemy war elephants (250 B.C.).

Brutis: In this list of heroes from early Roman history, P. probably meant not the tyrannicide but Lucius Iunius Brutus, traditional founder of the Roman Republic (54 B.C.).

Deciis: Publius Decius Mus, father and son, famous examples of Roman *devotio* in battle (340 B.C., 295 B.C.).

Catonibus: Marcus Porcius Cato Censorius, author and defender of traditional values, 234-149 B.C.

Regulis: Marcus Atilius Regulus, who became a hero after his voluntary return to Carthage to fulfill an oath and his death by torture there.

Cursoribus: Lucius Papirius Cursor, who received his *agnomen* ("runner") after his victory over the Samnites in the 4th century B.C.

Torquatis: Titus Manlius Torquatus, a model of bravery and adherence to a severe virtue at all costs, fl. 4th century B.C.

Valeriis Corvinis: Marcus Valerius Corvus, or Corvinus, who engaged a Gaul in single combat in 349 B.C. and won a *cognomen* when a raven (*corvus*) flapped in the Gaul's eyes and caused his defeat.

Salinatoribus: Marcus Livius Salinator, victor over the Carthaginian Hasdrubal at Metaurus (207 B.C.).

Claudiis Marcellis: Marcus Claudius Marcellus, called the "Sword of Rome" for his service against the Carthaginians.

Neronibus: not the Emperor, but Gaius Claudius Nero, colleague of Salinator at Metaurus.

Emiliis: Marcus Aemilius Lepidus, active in the pacification of Cispadane Gaul in the 2nd century B C.

Fulviis: Quintus Fulvius Flaccus, father and son, whose careers show military and political achievement in late 3rd-early 2nd century B.C.

Flaminiis: Gaius Flaminius, popular leader during the wars with Hannibal.

Atiliis: Aulus Atilius Caiatinus, first *dictator* to lead an army outside Italy (to Sicily, in 249 B.C.) and considered one of the most famous older heroes by Cicero.

Quinctiis: Titus Quinctius Capitolinus Barbatus, who in 464 B.C. saved the consul Furius from a trap set by the Aequi.

Curiis: Manius Curius Dentatus, conqueror of Pyrrhus (275 B.C.), known for his severity of dress.

Fabriciis: Gaius Fabricius Luscinus, legendary for his austerity and incorruptibility, the other hero of the war with Pyrrhus.

Camillis: Marcus Furius Camillus, savior and second founder of Rome after the Gallic invasions, 387/6 B.C.

extremis [< *exter*] **furibus**: "thieving scoundrels of these last years."

natus sum < *nascor*.

etatem agere: "to pass my life."

II.3

totus: "whole," i.e., "with no sections of your works lost."

michi: dative with *contingeres*, "were to befall," i.e., "I would find."

quibus ... nominibus: that is, the names of other heroes, now lost with the sections of Livy that have not survived.

solatium = *solacium*.

quereretur < *quaero*.

II.4

simul: "together"; cf. *sparsim*, "here and there."

apud te: "in your works"; cf. *apud alios*.

nequeo: sc. *legere*.

in angustias ... coactum [< *cogo*]: "forced into the narrows," i.e., "shortened." P. is referring to the *Periochae*, summaries of the Livian tradition; these were rare in the early Renaissance but P. owned a copy.

librorum numero ... rebus ipsis: "number of books ... historical accounts themselves"; datives with *desit*.

infinitum: i.e., "everything."

II.5

Tu velim ... salutes: "I would like you to greet"; *velim* is potential subjunctive, < *volo*; *salutes* is an indirect command with *ut* omitted, as often; *GL* 546,R.2.

de antiquioribus: "among those (authors) who were born earlier than you."

Polybium: Greek historian who chronicled Rome's rise to world power, c. 200-after 118 B.C.

Quintum Claudium: Quintus Claudius Quadrigarius, Roman annalist of the period after Sulla (c. 138-78 B.C.).

Valerium Antiatem: Valerius Antias, also a Roman annalist of the period right after Sulla.

glorie: dative with *officit*, "obstructs."

de novis: "among the recent (authors)," from Livy's perspective.

Plinium Secundum: Gaius Plinius Caecilius Secundus, Pliny the Younger, the letter writer (c. 61-c. 112 A.D.).

Veronensem: "of Verona."

Crispum Sallustium: Gaius Sallustius Crispus, 86-35 B.C., the historian.

nuncia = *nuntia*; imperative. P.'s message to these other Roman authors is that their writings too failed to survive in their entirety.

nichilo: adverb of measure of difference.

vigilias: "sleeplessness, sleepless nights," i.e., "hard work."

quam: "than."

II.6

Eternum: "forever"; adverb.

rerum gestarum: "deeds."

consultor optime: "o best counsellor"; vocative.

Closing

Apud superos: "among the living."

in ea urbe: Padua.

sepultus < *sepelio*.

in vestibulo ... lapidem: the monastery of Santa Giustina, in which a sepulchral inscription with the name T. Livius had been found. In 1413 a lead casket was found there too, attributed by many to the historian.

VIII Kalendas Martias: February 22.

Eius: Christ.

paulo: ablative of measure of difference.

diutius: "longer"; comparative adverb.

Seniles 3.6

Giovanni Boccaccio, author of the *Decameron*, first met P. in the autumn of 1350, and the two became fast friends; indeed Boccaccio, who was some ten years younger, undertook a new series of scholarly works in Latin under P.'s influence. The subject of this letter, one Leontius Pilatus, was the second of

P.'s Greek teachers (he had studied for a few weeks with a Calabrian monk named Barlaam in 1342). Leontius seems to have been a truly odious individual, but Boccaccio invited him to Florence around 1360 to teach Greek and let him stay in his own home, where he prepared the first modern translation of Homer into Latin prose. P. never learned more than the rudiments of the language, but his initial efforts provided a model for the effective recovery of Greek in the West, one of Renaissance humanism's most important achievements. This letter, which is dated March 1, 1365, also provides interesting insight into how newly found manuscripts were copied and disseminated in the century before printing was invented.

I.1
   Dum: here almost = *cum*, "since."
   quod scriberem: relative clause of characteristic.
   mens: "intention, resolve."
   memorie: dative with *proximum*, < *propior*, "nearest," i.e., "most recent."
   arripui < *adripio*, "lay hold of."

I.2
   Leo: Leontius Pilatus.
   Calaber: "from Calabria," in southwestern Italy.
   ut ... vult [< *volo*]: "as ... he maintains."
   Thessalus: "Thessalian," i.e., "Greek."
   quasi ... sit: "as if it were"; conditional clause of comparison.
   Grecum esse: "to be Greek"; subject of *sit*.
   quam: "than."
   apud nos: "among us," i.e., the Italians.
   apud illos: "among those," i.e., the Greeks.
   puto: parenthetical.
   quo [= *ut eo*] ... **nobilitetur**: relative clause of purpose.
   utrobique: "in both places."
   undecumque ... bellua: "a beast, from wherever he comes."
   multum: adverb.
   scopulis: "rocks"; ablative of comparison.
   ibat < *eo*.
   abitum: "departure."
   abiit < *abeo*.

I.3
   Nosti = *Novisti* (< *nosco*), "you know"; perfect with present meaning.
   an ... an: "whether ... or"; introduces an indirect disjunctive question, although an in the first clause is unusual.

facile: adverb.
iudices: potential subjunctive.

I.4

veritus < *vereor*, "be afraid."
ne ... inficerer: "that I might be corrupted"; clause of fearing.
convictu assiduo: "by constant association" with Leo.
non minus ... quam: "no less ... than."
contagiosa: "infectious."
passus sum < *patior*, "allow"; sc. *eum*.
ad quem tenendum: "to hold whom"; gerundive with *ad* to express purpose.
alio ... vinculo: ablative with *opus esset*, "there would have been need for"; potential subjunctive.
precum < *prex*, "entreaty."
dato ... comico Terentio: "with (a copy of) the comic poet Terence given."
vie comite: "(as) fellow-traveller."
quo: ablative with *delectari*, "take delight in."
stupens: "astounded."
quid ... posset: indirect question.
comune = *commune*, "in common."
Afro: Terence was born in North Africa.

I.5

que ... habeat: relative clause of result. The construction following *sicut contra* is parallel.

I.6

sub estatis exitum: "just before the end of summer."
me coram: "in my presence."
in Italiam Latinumque nomen: "against Italy and the Latin name," i.e., "community."
acerrime < *acer*: superlative adverb.
invectus < *invehor*, "inveigh."

II.1

pervenisse: "had arrived."
dum: "when."
ex insperato: "unexpectedly."
barba et crinibus suis: ablatives of comparison.
maiorque: comparative < *magnus*.
rediit < *redeo*.
ceu terram celestem: "like a heaven on earth."

damnatam modo: "roundly condemned just a little while ago."
dilectamque < *diligo*, "love."
odit < *odi*, "hate"; perfect with present meaning. The verb has no present system.
execratur = *exsecratur*, "curses."
ut ... iubeam: indirect command after *rogat*.
tanta ... quanta: "so much ... as."
naufragans: "suffering shipwreck"; Mt. 8:25, Mk. 4:38, and esp. Mt. 14.30.
fluctibus: dative with *imperantem*.

II.2

iuditiorum = *iudiciorum*, "judgements."
vertigenem: "whirling around," i.e., "reversal."
imo = *immo*, "on the contrary."
ne ... quidem: "not even."
animo: ablative of comparison with *mobilius*, "more inconstant."
radices ... non egerit [< *ago*]: "has not put out roots."
ut: "as."
pagani hominis: "of a pagan man"; genitive of source, imitating a Greek construction.
apud Senecam: "in the works of Seneca" (the Philosopher).
Elbiam consolatur: *Dial.* 6.6-7.

II.3

qui dicant: subjunctive in relative clause of characteristic.
irritationem: "incitement."
animis: dative with *inesse*.
commutandi ... transferendi: gerunds; genitive with *irritationem*.
sedes: "homes."
se tenet: "restrains itself."
spargitur: "disperses itself"; passive with middle sense.
quietis: genitive with *impatiens*, "unable to endure."
novitate rerum: "novelty"; ablative with *letissima*.

II.4

aspexeris < *aspicio*. The future perfect shows action before the future (*miraberis*).

II.5

concreta < *concresco*, "be formed."

II.6

superfluo: "superfluously"; adverb.
sensibus: dative with *clara*.
duo illa: *sapientia* and *virtus*, from II.2.
quibus radicatum quero animum: "in which I seek a rooted (i.e., firmly established) spirit."
prodesse < *prosum*, "benefit."

II.7

audaciam: "courage for a journey." P. begins here an extended travel metaphor.
congerunt viaticum: "they bring together provisions for the journey."
cingunt: "gird for action."
ut stimulis: "as with goads."
multa: object of the gerund *videndi*, genitive with *appetitum*.
natura: ablative of respect with *vagum*, "fickle."
circumvolvunt: "cause to revolve."

II.9

leo Marmaricus: "the African lion." The unusual adjective appears in Seneca, *Ag.* 739.
caveis lustrandis: "in traversing his den"; gerundive.
provinciis peragrandis: "in travelling through the provinces"; gerundive.
ut auguror: "as I guess"; parenthetical.
Rome: "in Rome"; locative.
officium ... occupasset: "had employed his capacity," i.e., "had kept him busy."

II.10

Gaudeo: introduces accusative/infinitive: *caput ... emolitum* (*esse*).
hercle: "by Hercules."
verbis: dative with *incredulum*, "disbelieving."
ceterum: "but."
neque ... neque: "neither .. nor."
sue: "his." Classical Latin would use *eius*.
fido: "trust"; + dative.
et si ... aliud spondeat: "even if he pledges something else."
mutandis moribus: "to change his character"; gerundive; dative with *aptam*.

III.1

quod ridebis: "what you will laugh at."
apud: "with."

Constantinopolitanum: "Byzantine."
michi: dative of agent with *visa* and *auditum*.
sic ... ut: "so ... as."
illi ... Romano imperatori: datives with *notum* and *familiarem*.
unum ... id quidem: "indeed one thing alone," i.e., "one and the same."
suo iure: "in their power."

III.2

antique: sc. *Romae*; dative.
corporibus ac divitiis: "bodies (i.e., men) and wealth"; ablatives of respect.
ausi sunt < *audeo*, "dare"; semi-deponent.
quod: "but."
Sozomeni ... pace: "with the leave of Sozomen," a Byzantine lawyer (d. c. 450 A.D.) who wrote a history of the 4th-5th century church and whom P. is using here as a source on early Byzantium.
hoc: accusative, object of *scribentis*.
dixerim: perfect potential subjunctive; parenthetical.
certe: "at all events."
viris armis: sc. *verum esset*, "(it would be true) in men (and) arms."
quamvis impudens: "shameless though he is."
Greculus: diminutive of *Graecus*, here (as often) with contemptuous force.

IV.1

Postremo [< *posterus*]: "At last"; adverb.
mentio: "account."
redit ... in animum: "it comes to mind again."
hic: "here"; adverb.
ut ... mittas: present subjunctive in indirect command.
Homerice partem illam Odyssee: Book 11.
ad Inferos: "to the underworld."
Erebi: "of the lower world."
de quo agimus: "about whom we are treating," i.e., Leo.
in Latinum versam [< *verto*]: "translated into Latin."
quamprimum potes: "as soon as you are able."
egenti: "in need."
exaratam: "transcribed."

IV.2

in presens: "for the present time."
si me amas: i.e., "please"; a common expression.
an ... possit: present subjunctive in indirect question.

Seniles 3.6

mea impensa: "at my expense."
Homerus integer: "a complete Homer."
bibliothece huic: "to this library"; dative with *accedat*, "be added."
ubi pridem Grecus habitat: "where he has long been dwelling in Greek guise." Present with *pridem* indicates action continued into the present (English progressive perfect; *GL*.230). P. had received a Greek *Iliad* in 1354 from Nicholas Sigeros, but could not read it.
tandem Latinus: P. received his Latin Homer, and according to Pier Candido Decembrio, he was at work annotating this volume when he died on July 23, 1374.
nescius: introduces indirect question, *quid imponam*.
quanta ... humeris: "on your shoulders already laden with how great a burden of your own affairs."
sui appetens: "desircus of him," i.e., Homer; *sui* is objective genitive.
fidens: "trusting in"; + objective genitive.

Closing
Venetiis: locative.
Kalendas Martias: March 1.

Seniles 16.1

This letter was written shortly before P.'s death (which occurred during the night of July 18-19, 1374). It was written in response to Luca di Penna, a lawyer then in Avignon whose interest in Cicero led him to P. Although he had nothing in his library that Luca did not already own, P.'s description of his longstanding love for Cicero contains some of the best known incidents from his life, such as his rescue of a Cicero and a Virgil from the fire into which his father had thrown them and the loss of a treasured manuscript at the hands of his old teacher, Convenevole da Prato. One wonders whether everything described here actually took place, but like *Fam.* 4.1 (which may be fictional as well) this letter shows how carefully P. adjusted his biography to the literary picture he wanted the world to have of him.

I.1

Dabis veniam: "Grant pardon"; future used as imperative.
stylo = *stilo*, "style."
ut: "as."
irreverenti ... insolenti: modify *stylo*.
minime [< *parum*]: "not at all"; superlative adverb.
stylo ... alio: ablative with *uti*, infinitive of *utor*.

I.2

Singulariter: "in the singular number." Medieval practice favored the plural for a singular addressee as a gesture of respect, a practice to which the humanists objected as being unclassical.
    sis: present subjunctive in *cum* causal clause.
    maiorum morem: "custom of our ancestors."
    modernorum: "of the moderns," i.e., of medieval writers.
    quod: "that"; *quod* clause used to give ground of emotion.
    aliter: "otherwise," i.e., *pluraliter*.
    utinamque integer: "would be whole/ uncorrupted"; a *double entendre*, as the next phrase shows.
    viciorum = *vitiorum*.
    frusta: "pieces."
    discerptus < *discerpo*, "separate."
    Romanum imperatorem: the Holy Roman Emperor of P.'s own day; cf. *Fam.* 10.1, where P. does in fact use singular address.
    Romanos ... pontifices: "Popes."
    michi: dative with *viderer*, "I would seem."

I.3

    Quidni: "Why not."
    Regem ... dominantium: "King of kings and Lord of lords"; Revelations 19:16.
    ut ... sileam: "that I might keep silent about," i.e., "not to mention."
    minores ... longe: "far less important."
    alloquamur: present subjunctive in *cum* causal clause.
    hic: "here," i.e., "in this matter"; adverb.
    quod ... feci [< *facio*]: relative clause whose implied antecedent (*id*) is the object of *glorier*.
    cum antiquo: Repeat *amico* from below.

I.4

    autor = *auctor*, "originator."
    instaurator: "restorer."
    inciperem: imperfect subjunctive in historical *cum* clause.
    coetaneis: "contemporaries."
    certatim: "eagerly."
    sunt secuti < *sequor*.

II.1

    incipio: "I begin," i.e., here P. takes up the real subject of his letter.
    multos dies ... posuit [< *pono*]: "spent ... many days."
    in itinere: "on the way."

tertio Nonas Februarias: February 3.
Rhodani: "Rhone river."
data < *do*, "give" for delivery.
decimo Kalendas Aprilis: March 23.
sero admodum: "quite late."
prima face [< *fax*]: "at the first torch," i.e., "at dusk."
colles Euganeos: a range of hills southwest of Padua.
secus: "near"; preposition + accusative.
intimum sinum: "innermost bay."
a iuventute dilectam [< *diligo*]: "loved from my youth."
solitariam vitam dego: "I live the solitary life." P.'s treatise *De vita solitaria* discusses the moral and religious features of the life of solitude.
osor: "hater."

II.2

Petieras = *Petiveras*, "You had asked."
si ... haberem: imperfect subjunctive in protasis of future less vivid condition from past perspective.
extraneos: "unusual."
tibi: dative of agent with *cepto*, < *coepio*.
cuidam nuper cepto operi: "in a certain task recently undertaken"; dative dependent on *subvenirem*.
tua ... impensa: "at your expense."
quo = *ut*, as often when there is a comparative in the clause.
credo: parenthetical.
facie: "by outward appearance."
honestis precibus: "to honorable requests"; dative with *difficilem*, "unsympathetic."
fore = *futurum esse*.
longe etiam redolentis: "smelling sweet even at this distance."
vel maxime: "especially."
illius: the Pope (Gregory XI), as explained by the next phrase (*summi pontificis*).
iussu: "by the command."
assumpseras < *adsumo*, "take up."
me ... suum fecit [< *facio*]: "made me his own."
dignatione: "honor."
Christi: "Christ's"; possessive genitive.
sui: genitive singular of third person reflexive pronoun, objective genitive.

II.3

Petitioni ... tue: dative with *respondi*. The answer given is *id*, implied antecedent for the following relative clauses.

alios ... quam: "other than."
comuniter = *communiter*.
ut puto: parenthetical.

II.4

quod: explanatory *quod* clause, following *Unum*.
habuisse me ... amisisse [< *amitto*]: accusative/infinitive as subject of *fuit*.
esset: imperfect subjunctive in apodosis of contrary to fact condition, with suppressed protasis.
historia: "account."
pro tempore: "according to the circumstances, as the occasion demanded."

II.5

Eas literas ... pervenisse: "that letter ... arrived"; *literas* (plural) is regularly used for one epistle.
ut replicem: "that I review"; present subjunctive in indirect command.
scripsi < *scribo*.

II.6

Simul ut: "At the same time as."
noris = *noveris* (< *nosco*).
literis meis: ablative with *delectaris* = *delectaveris*.
quod: relative pronoun, object (as is *te*) of *cogit*.
ut spero: parenthetical.
charitas = *caritas*, "esteem."
parebit: "will become evident." The subject is the implied antecedent (*id*) of the relative clause above. The *ut tu dicis* (below) suggests that Luca finds letter writing burdensome, but P. is obligating him here to write back; cf. V.3, below.
senectuti ... invalide: "for an old age encroached upon especially and weakened"; dative of personal interest.
scribere: subject infinitive of *sit*.
pronuncio = *pronuntio*, "declaim."

II.7

motum: "motion," i.e., "inclination."
sequar: future indicative.

II.8

se ... habet: "is."

III.1

Prospero ... Esopo: datives with *inhiant*, "long for," an historical present. Prosper Tiro (c. A.D. 390-c. 455) of Aquitaine compiled a chronicle with a strong pro-Augustine, anti-heretical slant; Aesop (6th cen. B.C.) is the famous fabulist.

libris: dative with *incubui*, < *incumbo*, "favor."

parentis: Pietro di Parenzo, commonly called "Petracco," a successful notary.

facile: "certainly"; adverb.

in altum: "into a high position."

evasurus: sc. *fuerat*, "he would have ascended"; for the indicative, see GL.597,R.3.

occupatio rei familiaris: "family business."

patria: ablative of separation with *pulsum*, < *pello*, "expel."

familia: ablative with *onustum*, "burdened."

curis aliis: dative with *intendere*, "direct one's course toward."

III.2

sola: "alone"; almost = *tantum*, "only."

detinebat: "was holding entranced."

quicquid ... legerem ... audirem: imperfect subjunctive in relative clause of characteristic.

longeque: "greatly"; adverb.

III.3

hac ... in re pueri: "in this childish affair."

iuditium = *iudicium*.

subsisteret: imperfect subjunctive in relative clause dependent on infinitive.

illud mirum: sc. *iudicium erat*; introduces accusative/infinitive.

nichil intelligentem: sc. *me*, "that (I) understanding nothing."

tanto post: "so long afterwards"; *tanto* is ablative of measure of difference.

III.4

in dies: "daily."

immaturo ... studio: "my youthful enthusiasm"; dative with *favit*, "supported."

vix testa effracta [< *effringo*]: "with the shell scarcely broken open."

nuclei: "the kernel."

nichil: object of *intermisi*, < *intermitto*, "let pass."

de contingentibus: "from what was at hand."

meum genium fraudare: sc. *eo*, "to cheat my own guardian spirit (of anything)."

quo ... conquirerem: "in order to collect"; imperfect subjunctive in relative clause of purpose.

IV.1

nullis externis ... stimulis: ablative with *egens*.
iuris civilis: "civil law."
detrusit < *detrudo*, "thrust."
diis = deis, dative with *placet*, "it pleases."
quid iuris: "something of the law"; partitive genitive with *quid* as indefinite pronoun.
de commodato et mutuo: "concerning what is borrowed and what is loaned"; legal terminology.
de testamentis et codicillis: "about wills and their codicils."
leges saluberrimas: "the most useful laws"; object of *describentem*.

IV.2

septennium: "a seven-year period."
perdidi < *perdo*, "waste."
verius < *vere*, "more rightly," i.e., "more precisely."
exegi < *exigo*, "complete."

IV.3

factum est < *fio*, "happen."
nescio quo: "some."
minime: "by no means."
aliquot: "some"; indeclinable.
lucrativo ... studio: dative with *adversi*.
velut: "as if."
latibulis: "from the hiding places"; ablative of separation.
quod: sc. *id*, "(that thing) which."
abdideram < *abdo*, "hide."
eruti < *eruo*, "bring to light."
heresium: "of heresies."
exurerentur: subjunctive in indirect command.
quo spectaculo: dative with *ingemui*, < *ingemo*, "groan over."
si ... iniicerer: conditional sentence of comparison.
iisdem flammis: dative with *iniicerer*.

IV.4

memini: "I remember."
adustos < *aduro*, "singe, set on fire."
Virgilium: "a book of Virgil's poetry."
dextra ... leva: "with his right hand ... with his left hand."

rethoricam [= *rhetoricam*] **Ciceronis**: the *Rhetorica ad Herennium*, falsely attributed to Cicero in the Middle Ages.
utrumque ... porrexit [< *porrigo*]: "he offered both."

IV.5
habe tibi hunc: sc. *Virgilium*, "keep this (Virgil) for yourself."
raro: "infrequent."
hanc: sc. *rhetoricam Ciceronis*.
adminiculo: "aid, help."
civilis studii: sc. *iuris*.

IV.6
lachrymas = *lacrimas*.
pressi < *premo*, "suppress."
adolescentie = *adulescentiae*, "youth." As the next sentence shows, P. was 22 when his father died and he abandoned his legal studies.
mei iuris effectus [< *efficio*]: "made subject to my own control."
libris legalibus abdicatis: "with my legal books rejected."
eo ... quo: "the more ... the more"; correlatives.
interrupta < *interrumpo*, "break off."

V.1
dominorum Colunnensium: cf. *Posteritati* VIII.1 ff., where P. also explains his relationship with the Colonna family.
caduce: "fallen," i.e., "whose fortunes have declined."
michi: dative of agent with verbal in *-bilis* and passive periphrastic.
familiaritatem domesticam: "friendship as a part of the household."
nactus eram < *nanciscor*, "obtain."
virides: i.e., "youthful."
Iacobus de Colunna: Giacomo Colonna.
Lomberiensis epyscopus [= *episcopus*]: Giacomo was chosen bishop of Lombez, in Gascony, in the northern foothills of the Pyrenees, in 1328.

V.2
eo: ablative with *dignus*.
sibi: "for himself"; ethical dative.
terris: ablative of separation with *ablatum*, < *aufero*, "take away."
celo: dative with *reddidit*, < *reddo*.

V.3
senem: P., who was almost 70 when he wrote this letter, was responding to a letter from Luca, who also was elderly.
fatigavit: "importuned"; + indirect command.
refatigabit: "will importune in turn"; + indirect command.

V.4

ante: adverb.
metas pueritie: "boundaries of boyhood," around 17; object of *egressum*, < *egredior*, "pass beyond."
Bononie: "in Bologna"; locative. P. lived in Bologna from 1320 to 1326.
ut: "as."
meo ... aspectu: "my appearance."
nisi quod: "except for the fact that."
scolarem = *scholarem*, "student."
ex habitu: "from the style of dress."
deserui < *desero*, "abandon."
epyscopium = *episcopium*, "bishopric."
debitum [< *debeo*]: "owed (to)"; + dative.
est provectus [< *proveho*]: "advanced to"; middle.

V.5

Quam ob causam: "For which reason."
cum ... revidisset: "when he had seen again."
ad eam que Romana dicitur curiam: "to the (Papal) court which is called Roman" but was then located in Avignon.
profectus < *proficiscor*.
infausto illi carceri: "for that unfortunate prison"; dative with *destinatum*.
malas: "cheeks," object of *vestientem*, "covering."
conditionibus: "status."
exactius [< *exigo*]: "more precisely"; comparative adverb.
qua: ablative of comparison.
nulla: sc. *praesentia*.
nullus ... gravior: Note the change of gender. The subject is now *vir*.
in prosperis ... in adversis: "in good fortune ... in bad."

V.7

nullus par: sc. *illi fuit*.
clerum: clergy.
esset: imperfect subjunctive in protasis of future less vivid condition from past perspective; an indicative statement of allied fact is substituted in the apodosis (*habebat*).
quocumque: "wherever."
sibi: dative with *libuisset*, < *libet*, "it pleases"; subjunctive with indefinite relative.

V.8
ullo ... interprete: ablative with *opus esset*, "was there need of."
conceptibus: dative with *respondebant*, "corresponded to."

V.9
in suos: "towards his own."
exemplo: "precedent."

V.10
Flacci: Horace, *S.* 1.5.32.
ad unguem: "to the nail," i.e., "perfectly."
eaque ... maiestate: ablative of description.
oris ac morum: "expression and character."
visu solo: "by his appearance alone."
principem: "the leader."
semel atque iterum: "once or twice."
laqueis: "with the snares."
suprema [< *superus*] **... in ... arce**: "in the loftiest citadel."

V.11
erat ... iturus [< *eo*]: "he was about to go."
ad epyscopatum [= *episcopatum*] **suum**: "to his bishopric."
in Vasconiam: "in Gascony."
reor: parenthetical.
iuris: "jurisdiction, claim"; partitive genitive with *quid*.
sibi: dative of personal interest.
seu fide ... seu ingenio seu vulgari ... stylo [= *stilo*] **meo**: ablatives with *delectatus*, "having taken pleasure in."
nosse = *novisse*, < *nosco*, "know."
in fronte: "on my face."
lynceus: "sharp sighted." Lynceus was an Argonaut renowned for his keen vision.
multus: "diffuse, prolix."
parui < *pareo*, "obey."
ivi < *eo*.

V.12
estas: the summer of 1330.

V.13
Reversus < *revertor*.
perduxit < *perduco*.
Ioannis: Giovanni Colonna, elected cardinal in 1327.

supra morem cardinalium: "beyond the habit of cardinals." P. was a long-time critic of clerical corruption.
optimi: "virtuous"; superlative of *bonus*.
fratrumque omnium ... patris: parallel to *fratris*, above.
ad extremum: "at the end," i.e., "finally."
ut: "as."
Crispus: Sallust, *Jug.* 19.2.
"silere ... dicere": "I think it (is) better to keep silent than to say too little"; *melius* is comparative of *bene*.

V.14

Quin: "But, come."
me solum: sc. *esse*.
michi: dative with *obsequor*, "give myself up to my desires."
tedio tibi: "tedious to you"; double dative, i.e., dative of purpose and dative of reference.

V.15

Dulcis ... amaritudo: This linking of opposites is called "oxymoron."
Iacobum Colunnensem: object of *reducere*.
decus: "pride and glory."
fando: "by speaking (of him)"; gerund serving as ablative of means.
unde: "whence," i.e., "from my memory."
ut dixi: parenthetical.
cito me: "I rouse myself (to continue)."
directe: "directly."
ut: "as."
de Africano: Publius Cornelius Scipio Africanus Maior, victor over Hannibal at Zama.
apud Tullium: "in the works of Cicero," *Sen.* 6.19.
Cato: Marcus Porcius Cato "Censorius," author and upholder of a severe traditional morality, the main speaker in *Sen.*
virium < *vis*, partitive genitive with aliquid.
ibidem ... idem: refers to Cato's comments in Cicero.

V.16

refricui < *refrico*, "reopen."

VI.2

aliquali fama ingenii: "some sort of reputation for mental ability."
per diversa: "for different reasons."
contraxeram < *contraho*, "bring about."

quod essem: *quod* causal clause, with imperfect subjunctive representing virtual *oratio obliqua*.
fieret: subjunctive by attraction.

VI.3

Abeuntibus ... amicis ... petentibus: dative with *respondebam*.
ut fit: "as it happens."
numquid ... vellem: "if I wanted anything"; indirect question.
memorialia: "reminders."
scriptoque [< *scribo*] **et verbis**: ablatives of means.
instabam: "I was pressing eagerly."

VI.4

misi < *mitto*.
non ... modo ... sed: "not only ... but."
usque ad: "all the way to."
dicam: future indicative.
quod mireris: "I shall say something to surprise you"; relative clause of characteristic.
et: "even."
Ciceronem ... Homerum: "the works of Cicero ... the works of Homer."
expectabam = *exspectabam*.
Grecus: "a Greek," i.e., "in Greek."
mea ope et impensa: "by my aid and expense."
factus est Latinus: "was made a Latin," i.e., "translated into Latin."
volens: "willingly"; adjective best translated as adverb.

VI.5

tibi vis: "do you mean."

VI.6

"**Labor ... improbus**": *G.* 1.145-46, also quoted in *Fam.* 4.1 sec. III.3; *improbus*, "unrelenting."
Maro: Virgil.

VI.7

parva: "insignificant."
recollegi < *recolligo*, "gather together again."
multiplicata: "multiplied," i.e., "in duplicate copies."
eorum: partitive genitive, with *aliquid*.
raro: "seldom"; adverb.
aliquid: object of *recollegi*.
quod: introduces a relative clause whose antecedent is the whole result clause.

michi: dative with *deforent* (< *desum*).

VI.8
sanctorum: "of the saints."
attigeram < *attingo*, "touch," as a preliminary to reading.
typo tumidus etatis: "swollen by the pride of my age," i.e., "in my youthful pride"; *typus* is a medieval word.

VI.9
michi: "in my opinion"; dative of the person judging.
unus: "alone."
sapiebat: "was wise."
ex quo: "from which time, since."
Institutiones oratorias: Because Poggio Bracciolini did not recover the complete text until 1416, P. knew this work only in a mutilated version.
sententia: "thought."
abest: "is not at hand."
verba non teneo: "I do not remember the words," i.e., "the exact phrasing."
Bene ... speret: "Let him expect good things"; volitive subjunctive; paraphrase of *Inst.* 10.1.112, with "*cui ... placebit*" a direct quotation.
cui: dative with *placebit*.

VI.10
agens: "treating."
Annei Senece: Lucius Annaeus Seneca ("the Younger"), the Stoic master stylist.
stylum = *stilum*, "rhetorical style"; Quintilian, *Inst.* 10.1.125 ff.

VI.11
stipulatore: "authority."
si quando ... proficiscerer: "if ever, whenever I set out"; protasis of future less vivid condition from past perspective.
visendi: "of visiting"; gerund; genitive with *desiderio*.
in longinqua: "to distant lands."
eminus: "from a distance."
divertebam: "I generally turned aside"; indicative explaining what P. actually did, replacing the logical apodosis of the condition.
illico: "immediately."

VI.12
an ... sit: present subjunctive in indirect question; on the use of *an* to introduce a simple indirect question, see *GL*.460,N.1.

hic: "here"; adverb.

VI.13
Helvetiosque: "the Swiss."
Leodium: Liege; terminal accusative.
audito: a one-word ablative absolute, followed by indirect statement (*quod ... librorum*).
bona copia: "a considerable abundance."
substiti < *subsisto*, "stop."
manu amici: "by the hand of a friend."
effudi < *effundo*, "disseminate."
bona: ironic.
barbarica: "barbarian," i.e., for P. non-Italian.
atramenti: "ink"; partitive genitive with *aliquid*, object of *reperire*.
croco: "yellow"; dative with *simillimum*.

VII.1
Reipublice: The *editio princeps* was not published until 1822, after Angelo Mai discovered a palimpsest with part of the text, MS. Vat. lat. 5757.
De consolatione: Cicero's effort to console himself for the loss of Tullia; the work is still lost.
quesivi < *quaero*.
De laude philosophie: This title led P. to search for the *Hortensius*, a plea for the study of philosophy which remains lost.
quod: "because."
ad vite mutationem: "to the transformation of his life," recounted by Augustine in *Confessions* 3.4.
veri: objective genitive with *studium*.
multum: adverb.
sibi: dative with *profuisse*, < *prosum*, "benefit."
dignus ... qui ... queretur: "worthy of being sought"; *qui ... queretur* is a relative clause of characteristic.
videbatur: "seemed."

VII.2
hic: "here"; adverb.
negocii [= *negotii*]: "difficulty"; partitive genitive with *nichil*.
affuit < *adsum*.
inscriptio: "title."
quod ... narro: relative clause whose antecedent is the preceding phrase.
ne quando ... error obreperet: "lest the error ever creep up on." The sequence has shifted to secondary after the perfect.
tibi: dative with *obreperet*.

quod ... arbitror: relative clause whose antecedent is the rejected idea, that Luca will be deceived as P. had been.
  michi: dative with *illusit*, < *illudo*, "delude."

VII.3
  tarditati mee: "to my stupidity"; dative with *imputabam*.

VII.4
  legendo: gerund.
  cuius: genitive with *insatiabilem*; antecedent is *legendo*.
  alligatum: "bound (to it)." This is not, of course, the same book referred to in the sentence above.
  librum ... credebam: "not to be sure one that I had, but one that I thought I had," i.e., *De laude philosophie*.
  aliquid: accusative of the inner object with *dirigui* = *derigui*, perfect as < *derigesco*, "become stiff."
  positum < *pono*, "put forward"; agrees with *aliquid*.
  quo: ablative of comparison.
  oblationem ratus [< *reor*]: "having mulled over the offering."
  fervidus: "eagerly"; adjective best translated as adverb.

VII.5
  apud Augustinum: "in the works of Augustine."

VII.6
  errasse = *erravisse*, subject of *puduit*, < *pudet*.
  remansi < *remaneo*.
  quisnam esset: indirect question.
  esse ... Ciceronis: "that (it) was Cicero's."
  stylus inditio [= *indicio*] **erat**: "the style was an indication, proof"; *inditio* is dative of purpose.
  nulli: dative of agent with verbal in *-bilis*.

VII.7
  ultimo: "recently"; adverb.
  Neapoli: "to Naples"; for the dative, see *GL*.358.
  Barbatus ... Sulmonensis: Barbato da Sulmona, an admirer and frequent correspondent to whom P. had given an advance copy of a section of the *Africa*.
  voti mei: "my desire"; genitive with *conscius*.
  principium: "beginning."

VII.8
Quod: connecting relative.
perlegens: "reading all the way through."
conferensque: "comparing"; sc. *hoc opus*.
inscribuntur: "are entitled."
luce: ablative of comparison.
duos ... Academicorum: sc. *libros*.
magis quam: "rather than."

VII.9
longevo errore: "from a long-standing error"; ablative of separation.

VIII.1
iam antea: "now for a long time."
ut reor: parenthetical.
in curia: "in the (Papal) court."
Raymundum Superantium: Raymond Subirani. Details about him follow.
ante hos quadraginta annos: "forty years ago"; an accusative of measure.
nunc etiam: "even now."
extat = *exstat*.

VIII.2
copiosissimus: "richly provided with"; + genitive.
iurisconsultus: "one experienced in the law."
cunta = *cuncta*.
unum: "alone."
mirum in modum: "wondrously."
historie: genitive or dative with *insuetum*, modifying *ingenium*.
magnum licet: "although outstanding."
herebat: "was stuck."

VIII.3
sibi: dative with *utilem*.
expertus < *experior*, "know by experience."
complexus est < *complector*.
potius ... quam: "rather than."

VIII.5
Varronis: Marcus Terentius Varro (116-27 B.C.), a prolific and learned author, known for his *De re rustica* and *De lingua latina*.
aliqua: sc. *volumina*, "some books."
de comunibus: "of common property," i.e., "well known."

libri ... imperfecti: "mutilated copies."
De oratore: A complete version was found in 1421 at Lodi by Gerardo Landriani.
De legibus: still in fragmentary form.
De gloria: P.'s belief that he had found such a work of Cicero's proved illusory.
ditissimum < *dis*, "richly endowed."

VIII.6

Longum est: "It would be a lengthy task." Indicative with neuter adjective is regularly used in place of potential subjunctive.
exequi = *exsequi*, "to explain"; subject of *est*.
cui: dative with *par*.
res: "possessions."
in delitiis ... habuerat: "had held in great esteem."
ideo: "on that account"; introduces causal clause.
evasit < *evado*, "escape."
quia ... vellent [< *volo*]: subjunctive in causal clause, representing the rejected reason.
preciosioris [= *pretiosioris*] **... patrimonii**: "of a more valuable inheritance."
occupati: "engaged"; nominative plural.
ceu vile: "as if it were of little value."
neglexerant < *neglego*.

VIII.7

fortune ... inopi rivulo: datives with *obniterer*, "oppose."
ut: "as."
quibus ... comunibus: sc. *libris*.

VIII.8

nonne: anticipates an affirmative answer.
sat: "sufficiently"; adverb.
mirus: "a cause for astonishment."
mirandique: gerund.

VIII.9

ut ... dicam: indirect command with *postulas*.
qualiter: "how."
cognito: ablative absolute; + indirect question.

IX.2

michi: dative of possession.

magister: "a teacher," named Convenevole da Prato.
primas literas: "my first lessons."
gramaticam = *grammaticam*.
rethoricam = *rhetoricam*.
audivi: "I learned by listening."
professor: "authority."
quo: "from whom."
ad theoricam ... ad practicam: "in theory ... in practice."
prorsus: "in a word."
Horatiane cotis [< *cos*]: "of Horatian flint." The reference is to *Ars* 304-5.
in morem: "after the manner of."
novit: "knows how to."

IX.3

Hic ... scolar [= *scholar*]: "teacher."
sexaginta totos ... annos: "a full sixty years"; accusative of extent of time.
rexit < *rego*, "preside."
quot: "how many"; indeclinable adjective.
habuerit: perfect subjunctive in indirect question.
quam: "than."

IX.4

In quibus: sc. *sunt*, "among them (are)"; relative pronoun for demonstrative.
scientia ... statu: "in learning and social standing"; ablatives of respect with *magni*.
sacrarum ... literarum: "divinity."
epyscopi et abbates: "bishops and abbots."
ultimum: adverb.
patris intuitu: "in the sight of a father," i.e., "as if he were my own father."
maior: comparative of *magnus*.
esset: imperfect subjunctive in *cum* concessive clause.
Ostiensis: "of Ostia."
literis: "letters, scholarship."
incredibile dictu: "unbelievable to say"; ablative supine with adjective.
omnium: partitive genitive with *minimum*, superlative of *parvum*.
predilexit < *praediligo*, "prefer."
omnibus: dative of agent with *notum*, < *nosco*.

IX.5

alme memorie: genitive of quality.

cuius: genitive with *memini*, "I mention"; technically perfect with present signification, amounting here to historical present.
supra: adverb.
iocari secum: "joke with him."
seniculi: diminutive of *senis*.
Dic: the regular imperative form.
estne: The enclitic *-ne* introduces a question without any suppositions about the answer.
Francisco nostro: dative with *locus*.

IX.6

lachrymis = *lacrimis*.
abscedebat: "used to depart."
persancte: "very piously."

IX.7

homunculum: diminutive of *homo*.
vixit < *vivo*.
satis: "quite"; adverb.
invaserant < *invado*, "attack."
importune: "burdensome."

IX.9

impar licet: "although unequal" to the task.
illi: dative with *obligatum*, "under an obligation."
obsequio: "service."
quod: relative pronoun whose antecedent is *deficiente pecunia*.
crebrum: "frequent."
fideiussione: "by giving surety."
feneratorem: "money lender."

IX.10

Milies = *Millies*.
in hunc usum: "in this practice."
asportavit < *asporto*, "carry off."
retulit < *refero*, "bring back."
fidem: "trustworthiness."
expulit < *expello*.

IX.11

siquidem: "since."
pressus < *premo*, "constrain."
duo: the usual neuter plural accusative form.

abstulit < *aufero*.
pretendens: "holding out as a pretext."
sibi: dative of personal interest.
inchoabat = *incohabat*, "began."
mirabilium inscriptionum: "with wondrous titles"; genitive of quality.
prohemio = *prooemio*.
inventione: "invention," i.e., "creation."
fantasiam: "fancy."

IX.12
Quid: "Why?"
ad vesperam: "until evening."

IX.13
suspecta < *suspicio*
dilatio: "delay."
quod: "because."
egestati ... studio: datives with *concessi ... erant*, < *concedo*.
altius: "more deeply," i.e., "thoroughly"; comparative adverb.
ut: "when."
pigneratos: "pawned."
penes quem essent: "in whose possession they were"; indirect question.
facultas: "means."
luendi: "paying off"; gerund.

IX.14
quod ... esset: imperfect subjunctive in relative clause dependent on infinitive.
sibi: dative of personal interest.
si ... faceret: "if another person would do what he ought," i.e., "if a third party would pay his debt."
suum: "his own," i.e., "his duty."

IX.15
pecunie: partitive genitive with *quantum*.
vellet: potential subjunctive.
respuit: "rejected."
ne ... inurerem: "that I not inflict"; indirect command after *oram*.

IX.16
nichil: adverb.
dicto: dative with *fiderem*.
subticui < *subticeo*, "remain silent."

IX.17
pulsus < *pello*, "drive away."
in Tusciam: "into Tuscany."
ad fontem Sorgie: "at the fountain-head of the Sorgue," i.e., "at Vaucluse."
Transalpina: i.e., "French."
prius ... quam: "before."
obiisse < *obeo*, "die."
laureatum: "crowned with a laurel wreath," in recognition of literary achievement.
tulerant < *fero*.
memorie eius: "to his memory."

IX.18
vel: "even."
amisi < *amitto*.
inditium = *indicium*.
non curassem: pluperfect subjunctive, potential from past perspective. P. is contrasting his passion for Cicero with his indifference to other books.
quivi < *queo*, "be able"; sc. *eos*.

IX.20
en: "look."
longiusculam: "a little longer."
veterum: sc. *amicorum*; genitive with *recordari*.
ignotum: "unknown," i.e., someone P. has not met personally.
cui omnia crederem: "to whom I would entrust everything"; relative clause of characteristic, with imperfect subjunctive indicating a shift in sequence of tenses.

IX.21
quam honestum esset: "how good it would be"; indirect question.
additiones: "things added."
lituras: "things erased."
hanc: *epistulam*.
parcat ... aspiciat: volitive subjunctives.
urbanitas: "politeness, refinement."
familiaritatis: "friendship."

Closing
Arquade: Arqua Petrarca, a town near Padua where P. spent his last years.
V. Kalendas Maias: April 27.

Posteritati (Seniles 18.1)

The letter to posterity was intended to stand alone at the end of the *Seniles*. Though written in large part before 1350, this letter received addenda through the years, the most interesting of which is the self-portrait at the beginning; nevertheless, it remained unfinished at P.'s death. The letter, which is modelled on Ovid's *Tristia* 4.10.2, was intended to present to future ages a definitive account of P.'s life and works, and while it provides many interesting details about its author, we should also remember that P. was being selective about what he discussed in order to present himself favorably to posterity.

I.1

tibi: dative of agent.
forsan: "perhaps"; + potential subjunctive.
et hoc: "even this."
an: "whether"; introduces indirect question.
exiguum: "small," i.e., "humble."
longe ... seu locorum seu temporum: "far away in space or time"; partitive genitives with adverb of place and extent.
perventurum [< *pervenio*] **sit**: "will come through"; active periphrastic construction, a convenient solution for the lack of a future subjunctive in Latin.

I.2

quid hominis: "what (sort) of man."
quis ... meorum: sc. *fuerit*, parallel to the preceding clause.
operum: "literary works."
pervenerit ... audieris [= *audiveris*]: perfect subjunctive by attraction.
tenue: "slight"; adjective with *nomen*.

I.3

de primo [< *prior*]: "from the first."
varie: "fickle."
voces: i.e., "judgements."
ita ... ut: "so ... as"; correlatives.
modus: "limit."

I.4

Vestro de grege unus: "One of your company," i.e., "a man like you."
homuncio: "a little man," here "a man with all the accompanying limitations"; diminutive of *homo*.
magne ... vilis originis: genitive of quality
admodum: "quite."

familia ... antiqua: ablative of quality.
ut ... Cesar: v. Suet., *Aug.* 2.
natura: "in character"; ablative of respect.
non iniquo neque inverecundo animo: "of neither perverse nor impudent spirit," i.e., "both friendly and modest."
ei: dative dependent on *nocuisset*.
consuetudo contagiosa: "infectious association with others."

I.5

fefellit < *fallo*, "lead astray."
iuventa: "the prime of life" (between 20 and 45).
corripuit < *corrumpo*.
correxit < *corrigo*, "set right."
experimento: "through experience."
perdocuit < *perdoceo*, "teach thoroughly."
diu ante: "a long time before."
quoniam: "that," introducing indirect statement; a post-classical usage.
adolescentia [= *adulescentia*] **et voluptas**: translate as *adulescentiae voluptas*.
imo = *immo*, "on the contrary."
Conditor: "God the Creator," a corrected subject for *correxit* and *perdocuit*.
de nichilo tumidos: "puffed up with pride for no reason."
peccatorum suorum: genitive dependent on *memores*, "mindful of."
vel sero: "even late."

I.6

iuveni: sc. *mihi*, dative dependent on *obtigerat*, < *obtingo*, "fall to the lot."
virium < *vis*, "strength."

I.7

Forma ... excellenti: "a distinguished handsomeness," ablative dependent on *glorior*, "I was boasting" (historical present).
sed que ... posset: sc. *forma*, "but one that was able"; relative clause of characteristic; imperfect following historical present.
colore vivido: "a lively coloring"; ablative dependent on *glorior*.
candidum: "fair."
subnigrum: "somewhat blackish," here "dark."
vivacibus oculis et visu: "enduring eyes and eyesight"; ablative dependent on *glorior*.
preter: "contrary to."
supra: "before."

Seniles 18.1

indignanti michi: "for me, although angry"; dative of agent with *confugiendum esset*, "it was necessary to have recourse to."
ocularium: "eyeglasses"; genitive plural < *oculare*.

I.8

invasit < *invado*, "attack."
solita morborum acie circumvenit: "assailed it with the usual army of diseases," a continuation of the military metaphor.

II.1

oderam: "I hated," defective verb in which pluperfect has past force. Repeat *quod* to make this a causal clause.

II.2

Nota < *nosco*.
ut ista cura esset: "so that it was troublesome."
lautarum [< *lavo*] ... **epularum**: "elegant feasting."
facultas: "opportunity."
tenui victu: "mean fare."
vitam egi [< *ago*]: "spent my life."
letius: "more gladly"; comparative adverb.
Apicii: Apicius, author of *De re coquinaria* and a famous gourmet from the time of Tiberius.

II.3

Convivia: "Banquets."
cum: "since."
comessationes = *comissationes*, "revels."
modestie et bonis moribus: datives dependent on *inimice*.
laboriosum ... vocare: "I thought it (was) tiresome and futile to invite"; *ratus sum* < *reor*.
minus: sc. *laboriosum et inutile*.
convivari: "to feast together"; still governed by *ratus sum*.
ut ... habuerim: "that ... I considered"; perfect subjunctive in a result clause in secondary sequence is regular when the result is emphasized.
superventu: "unexpected arrival"; ablative of comparison.
volens: "willingly"; adjective with adverbial force.

II.4

pompa: "ostentatious display."
humilitati: dative dependent on *contraria*.
quieti: "peace"; dative dependent on *adversa*, "opposed to."

III.1
Amore acerrimo ... laboravi: "I suffered from a very strong love."
diutius < *diu*; comparative adverb.
iam tepescentem: "by that time growing cooler."
ignem: i.e., "fire of passion."
mors acerba: P.'s unrequited love for Laura, the subject of the *Canzoniere*, ended with her death in 1348, and while she was presumably a real person, she is also important as a spiritual symbol for P.
utilis: beneficial to P.'s spiritual growth.

III.2
Libidinum: genitive dependent on *expertem*, "having no share in."
optarem: "I should have wished"; potential subjunctive of the past (imperfect tense), suggesting the non-fulfillment of the wish in the present; *GL*.258,N.1.

III.3
secure: "without concern," i.e., "safely."
dixerim: "I could say"; potential subjunctive, with perfect tense standing for present time.
me ... execratum [= *exsecratum*]: sc. *esse*, "I cursed."
fervore etatis et complexionis: "by the ardor of my age and temperament."
raptum: "led astray."
vilitatem: "baseness."

III.4
vero: "but."
dum ... esset: almost equivalent to a concessive clause.
caloris ... virium [< *vis*]: partitive genitives dependent on *satis*.
abieci < *abicio*, "cast away."
Deo gratias agens: "giving thanks to God."
qui: "for He"; explanatory relative.
integrum: "uncorrupted."
vili et ... odioso servitio: "such a debased and hateful slavery"; ablative of separation.
michi: dative with *odioso*.

IV.1
Sensi < *sentio*, "experience."
parvus: "little," i.e., "insignificant."
iudicio meo: "in my judgement"; dative of reference.

IV.2

michi ... aliis: datives dependent on *nocuit*.
glorior ... indignantissimi animi: "I boast (that I was) of a very easily offended disposition"; *indignantissimi animi* is genitive of quality.
permemoris < *permemor*, "quite mindful."

IV.3

senescentium: "(of those) growing old."
suorum: sc. *amicorum*.

IV.4

familiaritatibus: "positions in the households"; ablative dependent on *fortunatus*, as is *amicitiis*.
usque ad invidiam: "even to an enviable degree."

IV.5

michi: dative dependent on *insitus*, "implanted, innate."
cuius: sc. *id* as antecedent and as direct object of *declinarem*.
vel: "even "
illi: dative dependent on *contrarium*.
videretur: subjunctive by attraction.
omni studio: "with all my effort"; ablative of manner.

IV.6

Maximi [< *magnus*] **reges**: "the greatest rulers," e.g., Robert of Naples and the Emperor Charles IV.
etatis: "time, era."
ipsi viderint: "let them consider (the matter)"; volitive subjunctive.

IV.7

cum quibusdam fui: "I was with (i.e., attended) certain (rulers)"; cf. *ipsi ... mecum essent* below.
quodammodo: "in a certain way"; softens the boldness of P.'s claim.
eminentia eorum: "from their lofty position."

V.1

Ingenio ... equo ... acuto ... apto ... prono: 'ability ... even ... keen ... suited ... inclined toward"; ablatives of quality.
poeticam: sc. *artem*, "(the art) of poetry." Beginning with poetry and moral philosophy and continuing with history (V.3) and eloquence (V.4), P. identifies the fields of study most important to early Italian humanism.
processu: "going forth," i.e., "course."
neglexi < *neglego*, "disregard."
sacris literis: "Holy Scripture"; ablative dependent on *delectatus*.

abditam < *abdo*, "conceal."
aliquando contempseram [< *contemno*]: "I had once looked down upon."
non nisi: "only."
ad ornatum: "for its external elegance." P. felt torn between Scripture and secular literature throughout his scholarly career; cf. *Fam.* 22.10.

V.2

Incubui < *incumbo*, "concentrate."
unice: "especially."
ad notitiam vetustatis: "on the knowledge of antiquity." P. set the example for humanists to turn to antiquity for models.
ista: here as often with a certain contemptuous force.
carorum: "of those dear to me"; probably both subjective and objective genitive.
in diversum: "in a different direction."
qualibet etate: "in any (other) age you might choose"; ablative of time.
hanc: sc. *aetatem*; object of *oblivisci*.
nisus < *nitor*, "make an effort"; + infinitive.
animo: "in spirit."
aliis: "in other (eras)"; dative with *inserere*.

V.3

Historicis: "historians."
non minus: "nonetheless."
eorum discordia: "by the disagreements among them"; ablative of means.
secutus < *sequor*.
in dubio: "in case of doubt."
quo: "where."
veri similitudo: "probability."
rerum: "facts."
autoritas = *auctoritas*, "authority, prestige." P. and the humanists who followed him developed new standards of historical accuracy.

V.4

Eloquio ... claro ac potenti: sc. *fui*, "I was of renowned and powerful eloquence."
ut: "as."
michi: dative with *visum est*, "seemed."
fragili et obscuro: "feeble and unintelligible."

V.5

vero: "indeed."
in comuni [= *communi*] **sermone**: "in daily speech."
familiaribus: "those in the same household."
eloquentie: objective genitive with *cura*, "attention to."
attigit < *attingo*, "concern."
miror: "I am surprised (that)"; + accusative/infinitive; on Augustus' concern for eloquence, see Suet., *Aug.* 86-87.

V.6

res: "the subject matter."
locus: "occasion, moment."
poscere visus est: "seemed to require."
paulo annisus [< *adnitor*] **sum**: "I put forth a slight effort"; a less than straightforward protestation of modesty.
idque quam efficaciter: sc. *confecerim*, "and how effectively (I accomplished) that"; indirect question.
sit: "let that be"; present volitive subjunctive.
coram: "in the presence of."

V.7

modo bene vixissem [< *vivo*]: "provided that I had lived well"; pluperfect subjunctive in clause of proviso.
qualiter dixissem [< *dico*]: indirect question.
parvi facerem: "I would hold it of little value"; genitive of value; potential subjunctive.
ventosa: "windy," i.e., "vain."
splendore: "brilliance, luster."

VI.1

Honestis parentibus: Petracco di ser Parenzo and Eletta Canigiani; ablative of origin.
Florentinis ... pulsis: agrees with *parentibus*.
origine: ablative of respect.
fortuna mediocri ... vergente: ablative of quality.
ut verum fatear: "to tell the truth"; purpose clause.
patria: ablative of separation.
Aretii: "Arezzo"; locative. Arezzo is a city in Tuscany southeast of Florence.
huius etatis ultime: "of this final age," the sixth since the creation of man in the medieval schema of history (v. August., *C.D.* 22.30).
die lune: "Monday."
ad auroram: "at dawn."
[XIII] kalendas Augusti: "on July 20"; the manuscripts omit the day.

VI.2

Tempus meum: object of *partita est*, "has divided."
nunc usque: "continuously to the present."

VI.3

illum ... annum ... egi [< *ago*]: "I spent that year."
in lucem ... protulerat [< *profero*]: "had brought me forth to the light (of life)."
sex sequentes: "(I spent) the next six years."
Ancise: "at Incisa"; locative; near Arezzo.
supra Florentiam quattuordecim passuum milibus: "fourteen miles beyond Florence"; *milibus* is ablative of measure of difference.
octavum: repeat *annum egi*, as with *nonum* below.
Pisis: "at Pisa"; locative.
ac deinceps: "and the ones afterward."
Gallia Transalpina: i.e., "France."
Rhodani: "the Rhone river."
Avinio urbi nomen: sc. *est*, "the name of the city (is) Avignon." The actual name is in the dative, a regular construction in Latin.
tenet ... et tenuit diu: The Papacy left Rome in 1309.
licet ... videretur: subjunctive in a concessive clause with *licet*. The imperfect tense is unusual.
ante paucos annos: "a few years before"; an accusative of measure.
Urbanus quintus: Pope Urban V was absent from Avignon from 1367 to 1370.
reduxisse < *reduco*, "bring back."
in suam sedem: "to its proper home."

VI.4

ut patet: "as is clear"; parenthetical.
in nichilum rediit [< *redeo*]: "came to nothing."
ipso: Urban V.
quod gravius fero: "(a thing) which I endure as a greater burden." The antecedent is the entire ablative absolute.
quasi: "as if"; softens the accusation.
boni operis: "of his good work"; genitive dependent on *penitente*, "repenting of."

VI.5

Qui: "And he"; connecting relative.
modicum plus: "a little more," i.e., "longer"; adverbial.
hauddubie: "no doubt."
quid michi ... videretur: "what appeared to me," i.e., "what I thought."

calamus erat in manibus: "the pen was in my hands," i.e., "I was writing him a letter."

gloriosum ... destituit: "he abandoned that glorious groundwork along with his life." Urban V died on December 19, 1370.

VI.7

Quam ["how"] **... potuisset**: apodosis of a condition contrary to fact; the protasis follows.

mori: infinitive < *morior*.

in domo propria: "in his own home."

sive ... sive: "whether ... or"; introduces a choice in the protasis.

mansissent < *maneo*.

tanto ... clarior ... quanto ... conspectior: "the more conspicuous their guilt, the more evident his virtue"; *tanto* and *quanto* are ablative of measure of difference.

VI.8

longior: "too long."

incidens: "interrupting (the letter)."

VII.1

ventosissimi amnis: "the swiftest river," i.e., "the Rhone."

pueritiam ... adolescentiam [= *adulescentiam*] **... egi**: "I spent my boyhood ... youth."

sub: "in the power of."

VII.2

Carpentoras: "Carpentras."

illi: Avignon; dative dependent on *proxima*, "very near."

ad orientem: "to the east."

quadriennio integro: "for a full four years," from 1312 to 1316.

inque his duabus: sc. *civitatibus*.

aliquantulum: "a little bit"; followed by three partitive genitives, *gramatice* (= *grammaticae*), *dyaletice* (= *dialecticae*), and *rethorice* (= *rhetoricae*).

potuit: sc. *discere*.

didici < *disco*, "learn."

scilicet: "namely"; explanatory.

quantulum: "how little"; diminutive of *quantus*.

carissime lector: "dear reader"; vocative.

VII.3

Montem Pessulanum: "Montpellier."

profectus < *proficiscor*, "proceed."

quadriennium ibi alterum: Understand *expendi*, "there I spent a second four-year period."

Bononiam: repeat *profectus*, "having proceeded to Bologna"; terminal accusative, with no preposition required for town name.

corpus: literally "body," but the term is regularly used in this context in English.

audivi: "I learned by hearing," i.e., "studied."

futurus: "capable of becoming," a common connotation with the future active participle.

magni provectus: "of great advancement"; genitive of quality.

ut: "as."

si ... insisterem: "if I should pursue."

cepto [< *coepio*]: "what had been started"; dative dependent on *insisterem*.

VII.4

omne: "completely"; adjective with adverbial force.

mox ut: "as soon as."

cura: "care", here "guardianship."

Romane antiquitatis plena: "rich in the history of ancient Rome"; genitive dependent on *plena*.

qua: ablative dependent on *delector*, "I take delight."

VII.5

piguit < *piget*, "it causes disgust"; impersonal verb with subject infinitive (*perdiscere*).

quo: ablative dependent on *uti*, < *utor*; antecedent is an implied *id*.

inhoneste: "dishonorably"; adverb.

nollem: imperfect subjunctive in relative clause dependent on infinitive.

honeste vix possem: Repeat *quo ... uti* in clause parallel to the preceding.

si vellem ... esset: "if I should want (to use it honestly), my uprightness would be attributed to ignorance"; future less vivid condition in past tense, with passive periphrastic in apodosis.

VIII.1

secundum et vigesimum annum agens: "spending my twenty-second year," i.e., "at the age of twenty-two."

Avinionense: "at Avignon"; adjective.

consuetudo: "habit, familiarity."

nature: dative dependent on *proximam*, "very near."

VIII.2

nosci ego: sc. *ceperam* (= *coeperam*) on the analogy of *ceperat* to complete the sense: "I began to be recognized."
  cur ... nescire ... me: "I do not know why."
  nunc: "now," in contrast with *tunc*.
  ut qui: "since"; explanatory relative clause with subjunctive.
  more etatis: "in the manner of my age," i.e., "like many young men."
  omni honore: ablative dependent on *dignissimus*, "quite worthy."

VIII.3

  Ante alios: "before others," i.e., "most of all."
  Columnensium: "of the Colonna," Giacomo and Giovanni.
  generosa: "noble."
  Romanam curiam: "the Papal court," at Avignon.
  dicam: "I should say"; potential subjunctive.
  melius: "more properly"; comparative adverb.
  illustrabat: "was honoring (it)."

VIII.4

  accitus < *accio*, "summon."
  michi: dative dependent on *indebito*, "not owed," i.e., "undeserved."
  nescio an: "I do not know whether," i.e., "perhaps."
  et nunc: "even now."
  Iacobo ... epyscopo: Giacomo Colonna, bishop of Lombez (in Gascony); cf. *Sen.* 16.1 sec. V.1.
  cui: dative dependent on *parem*, "equal."
  nescio an: "I do not know whether"; here as often introduces indirect question.
  visurus sim: the active periphrastic, in which the future participle makes possible a future subjunctive.
  Vasconiam: "Gascony."
  estatem ... transegi [< *transigo*]: "I passed a summer," that of 1330.
  celestem: "heavenly, glorious."
  comitum: "his retinue"; genitive plural < *comes*, "companion."
  ut ... suspirem: "so that I always long for."
  memorando: ablative of the gerund, the equivalent of a present participle in later Latin; *GL*.431,N.3.

VIII.5

  Iohanne de Columna: Giovanni Colonna, elected cardinal in 1327.
  sub domino: "in the power of a master."
  ne ... quidem: "not even."

VIII.6
Quo: connecting relative.
impulit < *impello*, "persuade, induce."
licet ... fingerentur: "although ... were fabricated"; subjunctive in concessive clause, with imperfect tense unusual.
cause: "reasons."
multa: object of *vivendi*.

VIII.7
qua: relative used as demonstrative.
Parisius: "Paris"; indeclinable noun. The trip took place in 1333.
fabulosum: "false."

VIII.8
reversus < *revertor*, "return."
cuius videnda: "of seeing which" (sc. *Romae*); *videnda* is gerundive.
Stephanum de Columna: Stefano Colonna, d. c. 1348-50.
cuilibet: "to anyone you like"; dative dependent on *parem*, "equal."
antiquorum: "of the ancients"; a high compliment for P.
colui < *colo*, "pay respect to, honor."
sibi: dative of agent with perfect passive verb (*acceptus fui*, < *accipio*, "receive").
interesse: "there was a difference"; infinitive of the impersonal *interest*.

VIII.9
usque ad vite eius extremum [< *exter*]: "even to the end of his life."
uno ... tenore: "in an uninterrupted course."
permansit < *permaneo*, "continue."
desinet ... desiero [< *desino*]: sc. *vivere*.

IX.1
etiam: "also."
omnium: sc. *urbium*.
in primis: "especially."
tediosissime: "tiresome."
animo meo: dative dependent on *insitum*, "innate."
diverticulum: "refuge."
repperi < *reperio*.
perexiguam: "very small."
Clausa: "Vaucluse."
rex: "chief."
Sorgia: "the river Sorgue."

IX.2

Captus: "captivated, charmed."
libellos: diminutive of *liber*, "book."
transtuli < *transfero*. "move."

IX.3

erit ... si pergam: future less vivid condition with present subjunctive in protasis and future indicative in apodosis.
historia: "narrative."
exequi = *exsequi*, "to relate"; dependent on *pergam*, "proceed."

IX.4

summa: "the summary."
quod: "that."
opusculorum: diminutive of *opus*, "literary work"; partitive genitive with *quicquid*.
michi: dative dependent on *excidit*, "fell out from me," i.e., "I wrote."
que: antecedent is *opusculorum*.
usque ad hanc etatem: "all the way to my present time of life."
michi: dative of possession.
ut ... sic: correlatives.
magis ... viribus: "more powerful in readiness than in strength," i.e., "more willing to begin than carry through a project."
cogitatu: "to think about"; ablative of respect of the supine used with adjective (*facilia*).
executione = *exsecutione*, "in accomplishment."
pretermisi < *praetermitto*, "pass over, neglect."

IX.5

Hic: "Here"; adverb.
ipsa locorum facies: "the very appearance of the region."
suggessit < *suggero*, "prompt"; + dative.
Bucolicum carmen: short, pastoral (*silvestre*) poems, heavily allegorical.
Vite solitarie: a treatise concerning the moral and religious aspects of the contemplative life.
Philippum: Filippo di Cabassole, about whom details follow.
parvum: here "insignificant."
Cavallicensem: "of Cavaillon," southeast of Avignon.
Sabinensem: "of Sabina," northeast of Rome.
epyscopum cardinalem: "cardinal bishop."
omnium veterum: sc. *amicorum*.
"epyscopaliter": "like a bishop"; adverb; quoted from Augustine, *Confessions* 5.13.23.

Ambrosius: c. 340-397, bishop of Milan and mentor to St. Augustine.
fraterne: "like a brother"; adverb.
dilexit < *diligo*, "love."

IX.6

vaganti: "wandering"; sc. *mihi*, dative dependent on *incidit*, "occurred" (perfect).

sexta quadam feria: "on a certain Friday."

maioris hebdomade [< *hebdomada*]: "of Holy Week" (often *magna hebdomada* in other texts).

valida: "powerfully"; adjective used as adverb.

Scipione Africano illo primo: Publius Cornelius Scipio Africanus Maior, who defeated Hannibal and the Carthaginians at Zama (202 B.C.).

a prima ... etate: "from youth."

heroico carmine: "in epic verse."

subiecti de nomine: "from the name of the subject."

Africe nomen: "the name (of) Africa."

operi ... dilecto ... cognito: agree in case with *libro*.

nescio qua: "by some"; ablative < *nescio qui*.

vel sua vel mea fortuna: "good fortune, either mine or its (the poem's)."

multis: dative of agent with *dilecto*.

cognito: "examined, known." The *Africa* was published after P.'s death, although he had earlier circulated a section depicting the death of Mago (6.885-918).

magno ... impetu: "with great enthusiasm."

X.1

Illis in locis: at Vaucluse.

moram trahenti: sc. *mihi*, "for me drawing out a delay," i.e., "tarrying here"; dative of personal interest.

uno die: September 1, 1340, to be precise.

senatus: genitive.

Parisius: See above, VIII.7.

cancellarii studii: "the chancellor of the university."

ad me: "at my house."

Romam ... Parisius: terminal accusatives.

ad percipiendam lauream poeticam: "to receive the laurel crown of poetry," which P. believed was awarded to successful poets in ancient Rome; gerundive expressing purpose.

X.2

Quibus: ablative with *gloriabundus*, "triumphant in these things."

quo: ablative dependent on second *dignum*, "worthy of"; antecedent is an implied *eo*.
iudicarent: imperfect subjunctive in relative clause of characteristic.
librans: "weighing in the balance."

X.3

Super quo: "Concerning this point"; relative for demonstrative.
supranominati: "named earlier"; see above, VIII.5.
per literas: "by means of a letter."
sero: "rather late."
die altero: "the next day."
ante horam tertiam "before tierce," i.e., 9 AM.

X.4

omnibus: "to all things"; dative with *preferendam*.
de petitione et de approbatione: "of request and of assent"; modifies *epystola*.
duplex: *Fam.* 4.4 and 5.
extat = *exstat*, "survives."

X.5

more iuvenum: "after the manner of youth."
rerum mearum: "of my own causes"; begins a legal metaphor continued in *iudex* and *testimonium*.
sequi: infinitive with *erubui*, < *erubesco*, "blush to."
evocabar: "I was being summoned"; a political technical term.
quod: relative pronoun.
oblato < *offero*, "bring forward."

X.6

Neapolim: "Naples."
primum: "first"; adverb.
Robertum: Robert, King of Sicily.
non ... clariorem: "no more renowned for his royal power than for his learning."
habuit: "regarded."
visum esset: subjunctive by attraction in relative clause dependent on subjunctive; antecedent is implied *id*.

X.7

visus ... fuerim perfect subjunctive in indirect question, with *fuerim* standing for *sim*.
acceptus [< *accipio*] **fuerim**: perfect subjunctive in indirect question.
noveris [< *nosco*]: "will know"; future perfect, with future force.

X.8

exhilaratus est: "he became cheerful"; a middle usage.
sua gloria: ablative dependent on *vacare*, "to be without."
quod ... elegissem [< *eligo*]: subjunctive in *quod* causal clause representing Robert's opinion, not P.'s.

X.9

Quid multa?: sc. *dicam*.

X.10

verborum collationes: "interchanges of words," i.e., "conferences."
ostensamque [< *ostendo*] ... **Africam illam meam**: "(after) that *Africa* of mine had been shown"; second object of *post*.
sibi: "to him," i.e., Robert.
usqueadeo: "to so great an extent."
quod: introduces relative clause whose antecedent is the preceding phrase.
super eo: "concerning that."
deputavit: "reckoned."
crescente materia: "with the material growing," i.e., "with the expansion of Robert's questioning."
proximis [< *propior*]: "following."

X.11

excussa < *excutio*, "investigate."
iudicavit: sc. *me*.

X.12

Neapoli: "in Naples"; locative.
offerebat ... urgebat: The imperfects here represent repeated action.
Rome: objective genitive.
venerandam: gerundive, expressing obligation.

X.13

magno favore: "with his strong support"; ablative of manner.

X.14

regium: "royal"; adjective.
et multorum et meo: Both terms modify *iudicio*.
in primis: "especially."
consonum: "accordant" + dative.
idem: object of *sentientium*, "thinking, judging."
plus ... valuit [< *valeo*]: "more availed."

amor et etatis favor: "affection and partiality toward (my) youth."
veri: genitive dependent on *studium*, "zeal for."

X.15

tanto ... iudicio: either dative or ablative, both of which are used with *fretus fisusque*, "relying on and trusting in."
illi solemnitati: "at that solemn rite"; dative dependent on *interesse*, "to be present."
scolasticus: "student."
adeptus sum < *adipiscor*, "obtain." The crowning took place on the Capitoline Hill on April 8, 1341.
carmine: "poetry"; v. *Epist. metr.* 2.10.
soluta oratione: "prose"; v. *Fam.* 4.7 and 8.

X.16

poscat: present potential subjunctive.
locus: "occasion."

XI.1

digressus < *digredior*, "set out."
de Corrigia: Azzo, Simone, Giovanni, and Guido da Correggio had recently taken over control of Parma.
optimis < *bonus*.
male concordibus: "not of one mind."
tali ... quale: "with such a ... as"; correlatives.
regimine: "direction."
ut auguror: "as I foretell"; parenthetical.

XI.2

suscepti [< *suscipio*] **... honoris**: "the received honor," i.e., the laurel crown; genitive with *memor*.
ne ... videretur: "that it would seem"; subjunctive in a clause of fearing after *sollicitus*, "anxious."
indigno: sc. *mihi*, "on unworthy (me)"; dative dependent on *collatus*, < *confero*, "bestow."
cum: "when"; + subjunctive.
montana: "mountainous country."
Entiam: "the river Enza."
Reginis in finibus: "in the region of Reggio."
silvam que Plana dicitur: "a forest which is called Selvapiana."
percussus < *percutio*, "strike."
stilum verti: "I turned my stilus to," i.e., "I resumed work on."
sopitus: "lulled to sleep," i.e., "dazed."
scripsi < *scribo*.

post: "afterward"; adverb.
continuis diebus: "on successive days."
aliquid: repeat *scripsi*.
donec ... ad exitum deduxi [< *deduco*]: "until I brought to a conclusion"; *donec* takes the indicative when time alone is involved.
repostam: "distant, remote."
empta < *emo*, "buy."
etiam: "still."
non magno in tempore: "in not a great time," i.e., "quickly."
stupeam: subjunctive in result clause, with present tense used in secondary sequence to show that result is still true at the time of writing.

XI.3

Inde reversus: Return trips to Parma and Vaucluse are not described after this, which indicates either a lacuna in the text or a desire on P.'s part to speed up the narrative.

XII.1

viri ... fuerit: "of an excellent man, and a man whose like from the noble class I do not know whether any has seen in his lifetime," i.e., "of an excellent man, perhaps unequalled among the nobles of his age."
cuius: genitive dependent on *similis*.
nescio an: See on VIII.4.
quisquam: "any."
scio quod [= *id quod*] **nullus**: sc. *fuit*, "I know this, that (there was) no one (like him)."
Iacobi de Carraria iunioris: Giacomo da Carrara the Younger, ruler of Padua.
fame preconio: "from the commendation of my good name."
nunciisque = *nuntiisque*.
solicitatus = *sollicitatus*: "harassed."
quamvis ... sperarem: a concessive clause. Although *quamvis* usually takes primary sequence, P. often construes it with secondary.
de felicibus: "from the successful (things)," i.e., "propitiously, favorably."
quid sibi ... vellet: "what ... (it) meant"; < *mihi volo*, "mean."
ignoti: "unknown" to P., i.e., "with whom I was personally unacquainted."

XII.2

sero quidem: "though late."
Parme et Verone: locatives.
versatus: "having tarried"; middle usage.

Deo gratias: sc. *agens*, "thanking God."
habitus: "considered."
multo: "much"; ablative of measure of difference.
amplius: "more"; comparative adverb.
valerem: "I was worth."
Patavum: "to Padua."
humane: "courteously"; adverb.
ut ... silentio opprimenda sit: sc. *mihi*, "(I) had to crush it with silence."

XII.3

arctius: "more tightly"; comparative adverb.
canonicum: "a canon."
ad summam: "in short."
itinerum omnium: "of all journeys," i.e., "of all my wanderings."

XII.4

se obtulerit [< *offero*]: future perfect.
biennio non integro: "within not an entire two-year period," i.e., "in less than two years."
michi ... patrie ... mundo: "from me, country, world"; dative dependent on *abstulit*, < *aufero*, "take away."
cum dimisisset [< *dimitto*]: "although He had sent (him) forth."
quo: ablative dependent on *digni*.

XII.5

cum quo ... michi ... convenerat: "with whom I had more in common"; impersonal use of *convenerat*, with dative.
stare: "remain fixed"; infinitive with *nescius*, "unable."
tam ... quam: "so ... as"; correlatives.
visa: "things seen"; object of *revisendi*.
milies = *millies*, "a thousand times"; adverb.
more egrorum: "after the manner of sick people."
loci mutatione: "by change of place."
tediis consulendi: "taking care of my discomforts"; *consulo* is construed with the dative.